VLM

Kurt Heimbucher

# Die sieben Sendschreiben

Herausgegeben von Traugott Thoma

VLM

Verlag der
Liebenzeller Mission
Bad Liebenzell

ISBN 3-88002-429-4


Umschlaggestaltung: Graphisches Atelier Arnold, Dettingen/Erms
Satz: Typo Schröder, Dernbach-Dierdorf
Herstellung: St.-Johannis-Druckerei, Lahr-Dinglingen
Printed in W.-Germany

# Inhalt

# Vorwort

Die Christenheit hatte viele Prediger, die kluge und formvolle Predigten hielten. Allerdings fehlten oft Verkündiger mit innerer durchschlagender Kraft, die bevollmächtigt waren durch Gottes Heiligen Geist.

Kurt Heimbucher war ein begnadigter Verkündiger. Die Frau des bekannten Evangelisten Wilhelm Busch sagte einmal: »Am liebsten höre ich Pastor Heimbucher, wenn er mit Freudigkeit und Vollmacht das Evangelium verkündigt. Mein Mann liebte diesen jungen brennenden Zeugen Jesu Christi.«

Für Kurt Heimbucher war es eine Freude, uns jungen Predigern in einem Rüstkurs die sieben Sendschreiben auszulegen. Er sagte damals in seiner Einleitung: »Unsere Welt ist vielen Veränderungen unterworfen; alles befindet sich im Fluß, ja, in einer atemberaubenden Entwicklung. Nur Gottes Wort bleibt unverändert, denn der lebendige Gott wandelt sich nicht. Und Jesus der Herr, der Auferstandene, ist gestern und heute derselbe und bleibt es in Ewigkeit. Deshalb behält auch sein Evangelium unverändert seine Gültigkeit. Es benötigt und duldet keine Anpassung an den jeweiligen Zeitgeist. Vielmehr bewährt es seine Kraft und Aktualität zu jeder Zeit, auch heute.

Die Offenbarung des Johannes ist das Trostbuch für die bedrängte Gemeinde. Das war auch die Erfahrung des Autors, der in seinem Leben selbst durch viel Not – vor allem der angeschlagenen Gesundheit wegen – hindurchmußte. Darüber hinaus wollen uns die sieben Sendschreiben ermahnen: »Laßt eure Lenden umgürtet sein und eure Lichter brennen und seid gleich den Menschen, die auf ihren Herrn warten« (Lk 12,35f.).

Bei dieser Auslegung merkt man sehr schnell: es ist eine seelsorgerliche Auslegung. Sie bietet Hilfen, Wegweisung und Korrektur in einer verständlichen Sprache an. Kurt Heimbucher hat die Bibelarbeiten (nach meiner Tonbandabschrift) noch redigiert und korrigiert, wofür ich sehr dankbar bin.

Traugott Thoma

# Einleitung

Die Offenbarung des Johannes ist ein unentbehrliches Buch für die Gemeinde Jesu auf dem Weg durch die Zeiten. Sie ist das prophetische Buch des Neuen Testaments.

Zwar gab es in der Kirchengeschichte Zeiten, in denen man mit der Offenbarung nicht allzuviel anfangen konnte. So wissen wir z.B. vom Reformator Martin Luther, daß er die Offenbarung nicht so hoch einschätzte wie andere Bücher der Bibel. Doch ist gerade dieses letzte, prophetische Buch der Bibel für die Gemeinde Jesu ein gewaltiges Trostbuch. Auf der einen Seite muß die Christenheit in alle Kämpfe hineinschauen, durch die sie gehen muß, und auf der anderen Seite darf sie den erhöhten Herrn sehen, der die Weltgeschichte zum Ziel bringen wird.

Nachdem sich der Herr im ersten Kapitel des Buches dem Seher Johannes als der Auferstandene und Erhöhte vorgestellt hat, folgen in den Kapiteln 2 und 3 die sieben Sendschreiben. Sie sind bereits in 1,11 angekündigt: »Was du siehst, das schreibe in ein Buch und sende es an die sieben Gemeinden: nach Ephesus und nach Smyrna und nach Pergamon und nach Thyatira und nach Sardes und nach Philadelphia und nach Laodizea.« Diese Sendschreiben waren zunächst Briefe an die sieben Gemeinden von Kleinasien. (Wir werden beim Auslegen dieser Gemeindebriefe erkennen, wie stark der Herr auf die Situation dieser Gemeinden Bezug nimmt.) Aber zugleich weisen die sieben Briefe über die Stunde hinaus. Sie sind Wort und Spiegel für die Christengemeinden aller Zeiten.

Wenn es sich um Briefe an sieben Gemeinden handelt, dann hat die Zahl Sieben an dieser Stelle – wie Zahlen oft in der Bibel – eine symbolhafte Bedeutung. Die Zahl Sieben meint die Ganzheit. Das bedeutet, daß diese Gemeindebriefe für alle Gemeinden der gesamten Christenheit aller Zeiten gelten, bis die Gemeinde Jesu vollendet sein wird.

Es gibt viele Auslegungen zur Offenbarung des Johannes. Eine bedeutende Auslegung stammt von Hermann Bezzel, dem gläubigen Biblizisten. Man kann sagen, daß Bezzel ein lutherischer Pietist war. Je mehr ich bei Bezzel lese, desto mehr geht mir seine prophetische Gabe auf. Dieser Mann hat das Anliegen der Pietisten im lutherischen Gewand vertreten.

Hermann Bezzel war der Meinung, daß alle sieben Sendschreiben der Offenbarung sieben kirchengeschichtliche Epochen umreißen. Das beginnt bei Ephesus, der ersten Epoche, und setzt sich über Smyrna, der verfolgten Gemeinde, fort bis hin zu Laodizea, dem letzten und abschließenden Zeitabschnitt. Bezzel war der Ansicht, wir befänden uns heute in der siebten und abschließenden »Laodizea«-Epoche.

Diese Auslegungsweise mag sehr beeindrucken. Es hat sicher etwas Reizvolles an sich, die Sendschreiben kirchengeschichtlich so in Zeitabschnitte einzuteilen und dementsprechend auch auszulegen. Allerdings wird man sich dieser Auslegungsweise nicht unbedingt anschließen können. Freilich bin ich der Meinung, daß alle sieben Sendschreiben wichtige Briefe sind und Botschaften für die jeweiligen Gemeinden damals haben. Ihre Geltung aber bleibt für die Christengemeinden aller Zeiten. Wir haben heute das Sendschreiben an Ephesus genauso wie das an Laodizea zu hören.

Die sieben Sendschreiben haben einen ganz besonderen Aufbau. Zuerst stellt sich Jesus, der Herr, der jeweiligen Gemeinde vor. Sodann erklärt der Herr, daß er um den Zustand der Gemeinde genau weiß (»Ich kenne...«). Lob und Tadel folgen. Jedes Sendschreiben schließt daraufhin mit dem Überwinder- und Verheißungswort ab.

Die Offenbarung des Johannes ist ein Trostbuch für die bedrängte Gemeinde. Darüber hinaus will sie die Christen mahnen: »Laßt eure Lenden umgürtet sein und eure Lichter brennen und seid gleich den Menschen, die auf ihren Herrn warten« (Lk 12,35 f.).

# Das Sendschreiben an die Gemeinde zu Ephesus

*»Dem Engel der Gemeinde in Ephesus schreibe: Das sagt, der da hält die sieben Sterne in seiner Rechten, der da wandelt mitten unter den sieben goldenen Leuchtern: Ich kenne deine Werke und deine Mühsal und deine Geduld und weiß, daß du die Bösen nicht ertragen kannst; und du hast die geprüft, die sagen, sie seien Apostel, und sind's nicht, und hast sie als Lügner befunden, und hast Geduld und hast um meines Namens willen die Last getragen und bist nicht müde geworden. Aber ich habe gegen dich, daß du die erste Liebe verläßt. So denke nun daran, wovon du abgefallen bist, und tue Buße und tue die ersten Werke! Wenn aber nicht, werde ich über dich kommen und deinen Leuchter wegstoßen von seiner Stätte – wenn du nicht Buße tust. Aber das hast du für dich, daß du die Werke der Nikolaïten hassest, die ich auch hasse. Wer Ohren hat, der höre, was der Geist den Gemeinden sagt! Wer überwindet, dem will ich zu essen geben von dem Baum des Lebens, der im Paradies Gottes ist« (Offb 2,1-7).*

Zunächst ein kurzer Einblick in die Geschichte von Ephesus. Aus zeitgeschichtlichen Quellen ist bekannt, daß Ephesus eine Stadt mit über 300 000 Einwohnern war – für die damaligen Verhältnisse eine echte Großstadt! Ephesus war auch eine bedeutende Hafenstadt. Alle wichtigen Handelsstraßen vom Zwei-Strom-Land und vom früheren Babylonien führten nach Ephesus. Aufgrund der Treue der Stadt zu Rom wurde Ephesus zur freien Stadt erklärt. Die berühmtesten Spiele wurden in Theatern und Stadien abgehalten, und so blühte in der Stadt auch der Fremdenverkehr.

Aus Apostelgeschichte 19 wissen wir, daß Ephesus von Aberglauben und Götzendienst erfüllt war. In dieser Stadt war eines der sieben Weltwunder der damaligen Zeit. Im Mittelpunkt von Ephesus befand sich der Tempel der Göttin Diana mit dem berühmten Standbild aus schwarzem Ebenholz, dem wundertätige Kräfte zugeschrieben wurden. Dieses heidnische Prachtstück zählte zu den heiligsten Bildern

Nachbildung des [illegible] Tempels – als „[illegible]" [illegible]

der Antike. So lesen wir im besagten 19. Kapitel der Apostelgeschichte: »Groß ist die Diana der Epheser!« (V. 34b).

Im Tempel der Göttin Diana war die Kultstätte und ein schlimmes Zentrum des Sittenverfalls, denn dort gab es Hunderte von Priesterinnen, die zugleich Prostituierte gewesen sind. Heraklit, der aus Ephesus stammte und der »der weinende Philosoph« genannt wurde, sagte einmal: »Niemand kann in Ephesus leben, ohne über die Sittenlosigkeit, der man auf Schritt und Tritt begegnet, zu weinen.«

Ephesus war aber auch voll von Aberglauben. Man konnte dort die sog. Ephesinischen Zauberbriefe kaufen. Wenn man – nach Auskunft der Heiden – die Zauberformeln benützte, so erlangte man Heilung von schweren Krankheiten. Kinderlosen Ehepaaren wurden Kinder und Geschäftsleuten großer geschäftlicher Erfolg versprochen. Man müsse nur die berüchtigten Zauberformeln anwenden, der Erfolg würde sich bald darauf einstellen. Viele Fremde zog es in die Stadt, die solch einen Zauberbrief erwerben wollten.

Wie stark der Aberglaube in Ephesus wirklich verbreitet war, wurde deutlich, als die Erweckung dort ausbrach (Apg 19) und die vielen Zauberbücher zusammengetragen und verbrannt wurden. Das war ein echtes Zeichen dafür, daß mit der Vergangenheit gebrochen worden war, daß diejenigen, die gläubig geworden waren, diese Zauberbücher öffentlich vernichteten. So legten diese Christen öffentlich ein Bekenntnis ab: Der alte Aberglaube und die Zauberbriefe haben keine Bedeutung mehr. Jesus Christus ist jetzt allein Herr, Helfer und Heiland! Wenn man den Geldwert der Bücher und Zauberbriefe betrachtet, den Lukas nennt, so handelte es sich dabei um einen außerordentlich hohen Betrag (Apg 19,19; ein Silberstück entspricht dem Tagelohn eines Arbeiters).

In dieser Weltstadt Ephesus entstand trotz Sittenverfalls, Zauberei und Aberglaubens eine blühende Christengemeinde. Menschlich gesprochen: Hätte man dort die Entstehung einer solchen Gemeinschaft erwarten können? In dieser Stadt, die wegen der dämonischen Bindungen ein »hartes Pflaster« für die frühe Mission darstellte, entstand und lebte die Christengemeinde. Ephesus macht uns deutlich, daß der Herr keine hoffnungslosen Städte und Dörfer kennt. Gott kann Erweckungen ausbrechen lassen, wo, wann und wie er will!

Aber zugleich muß die Segensgeschichte der Christengemeinde in Ephesus verdeutlicht werden. Die Offenbarung des Johannes entstand ungefähr in den Jahren 94 – 98 n.Chr., am Ende des ersten christlichen Jahrhunderts. Paulus durfte die Christengemeinde von Ephesus durch seinen Predigtdienst gründen. Apollos lehrte in der Gemeinde; Johannes war ihr Führer und Leiter. Ignatius war dort Bischof, und Philippus arbeitete ebenfalls dort.

Eine unbeschreibliche Segensgeschichte konnte die Gemeinde in Ephesus also verbuchen.

## 1. Wie stellt sich der Herr dieser Gemeinde vor? (V. 1)

Jedes Sendschreiben beginnt mit den Worten: »Und dem Engel der Gemeinde in ... [= Name der Stadt] schreibe...« Auf zwei wichtige Umstände dieser Einführungsworte möchte ich aufmerksam machen.

a) Karl Hartenstein (in seinem Werk »Der wiederkommende Herr«) und andere Ausleger sind der Auffassung, daß es sich bei dem »Engel« tatsächlich um ein himmlisches Wesen handle. Sie meinen: Wie ich als Kind Gottes einen Engel habe, so hat auch jede Gemeinde vor Gott ihren Engel.

Ich kann mich dieser Auffassung nicht anschließen und will begründen, warum. Es wäre mir unwahrscheinlich, daß der Herr Jesus dem Johannes eine Gemeindebotschaft gibt, daß der Apostel diese Botschaft an einen himmlischen Boten zurückschreiben soll und daß der Engel diese Botschaft sodann an die Gemeinde auf Erden zurückbringt. Diese Auslegung erscheint mir unwahrscheinlich. Deswegen übersetze ich »Engel« so, wie es in vielen anderen Auslegungen steht: *Angelos* ist der Bote. Und unter einem »Boten« verstehe ich auch den Vorsteher der Gemeinde. Dann heißt es: »Dem Vorsteher der Gemeinde in ... schreibe...«

b) Eine weitere Bemerkung erscheint mir ebenso wichtig. Wenn es also heißt: »Dem Vorsteher der Gemeinde *in* Ephesus..., *in* Smyrna...« usw., dann drückt das die ganze Spannung aus, in der sich die Christengemeinde befindet. Sie lebt nicht auf einer »Insel der Seligen«, nicht in einem abgegrenzten Raum, in dem sie in Ruhe ihre Arbeit tun kann. Die Christengemeinde lebt mitten in der Welt. Für die Christenschar gilt: Nicht Welt*flucht*, sondern Welt*bewährung*! Darum steht am Schluß jedes Sendschreibens immer das Wort: »Wer überwindet...«

Die Jesusgemeinde in den sieben Städten Kleinasiens lebte ja in einer völlig heidnischen Umgebung. Wenn ich von einer »heidnischen Umgebung« spreche, so meine ich damit nicht eine unreligiöse Umgebung. Heidentum und Götzenverehrung gehören ja zusammen. Die Gemeinde in Ephesus lebte in der Stadt der Götterverehrung und des religiösen Heidentums. Von den Heiden ist Ephesus als *lumen Asiae* (»Licht Asiens«) bezeichnet worden.

In 2,1 ist die Rede von »sieben Sternen« und »sieben goldenen Leuchtern«. Hier müssen wir zu 1,20 zurückblicken. Dort erfahren wir, daß mit den »sieben Sternen« die sieben Vorsteher und mit den »sieben Leuchtern« die sieben Gemeinden gemeint sind. Die Offenbarung des Johannes spricht in vielen Bildern. An der Mehrzahl der Stellen mit bildhafter Redeweise fällt es uns schwer, diese Bildersprache richtig zu deuten. Für die »sieben Sterne« und die »sieben goldenen Leuchter« ist uns die Übertragung geschenkt. »Das sagt, der da hält die sieben Sterne...« An dieser Stelle steht im griechischen Text ein Wort, das soviel bedeutet wie: Jesus, der Auferstandene und Erhöhte, hat vollkommene Gewalt über die Vorsteher der Gemeinden. Man muß diese Worte »...hält die sieben Sterne...« so übersetzen: »Der Herr hat vollkommene Gewalt über uns.«

Das bedeutet zunächst einmal, daß Jesus, der auferstandene und erhöhte Herr, über uns die Verfügungsgewalt hat. Er hat uns in der Hand – das bedeutet: Wir stehen unter Befehl. Es geht nicht mehr nach unserem Kopf, sondern nach seinem Willen. Es geht nicht mehr darum, welchen Platz wir wollen, sondern welchen Platz er uns anweist.

Jesus hat Verfügungsgewalt! Als wir ihm unser Leben zur Verfügung stellten und zum Dienst übergaben, sagten wir »ja« zu seinen Wegen. Jesus hat Verfügungsgewalt – das kann aber auch heißen, daß er uns auf die Seite setzen kann!

Wenn der Herr Jesus sagt, daß er mich in der Hand hat, ist das unsagbar tröstlich. Dort steht eine Gemeinde wie auf verlorenem Posten im Kampf mit den Mächten der Welt und der Finsternis wie ein kleiner Stoßtrupp im Feindesland. Der Vorsteher, der vorne steht, muß die Angriffe und Kämpfe am ersten durchstehen und durchfechten. Die »Vorderleute Gottes« werden am heftigsten angegriffen. Solch ein Gemeindevorsteher kann sich ja nicht im Hintergrund, im Abseits herumtreiben, sondern er gehört immer an die vorderste Front. Gerade deshalb ist er besonders der Schußlinie des Feindes ausgesetzt.

Nun sagt Jesus: »Ich habe die sieben Sterne in meiner Hand.« Das heißt: »Ihr seid nicht den Mächten ausgeliefert. Ihr seid nicht den Menschen preisgegeben.« Über dem Leben der Diener Gottes steht die Verheißung: »Niemand wird sie aus meiner Hand reißen« (Joh 10,28b). Dies ist für gläubige Christen unsagbar tröstlich. Jesus hat uns nicht nur in seiner Hand, sondern er wandelt mitten unter den Gemeinden. Jesus ist also mitten in seiner Gemeinde.

»...der da wandelt mitten unter den sieben goldenen Leuchtern...« Gold ist das Zeichen der Echtheit. Der Herr Jesus ist mitten unter seiner Glaubensgemeinde, die nicht glänzen soll, aber die für ihn in dieser Welt leuchten darf. Das bringt das Bild vom Leuchter zum Ausdruck. Das Glänzen-Wollen einer Gemeinde kommt aus dem Eigenen. Die echte Jesusgemeinde ist in dieser Welt nie eine triumphierende Schar, die glänzen könnte. Wenn die Kirche glänzte, dann war sie auf der falschen Spur und nicht auf dem Weg Jesu, der sein Kreuz getragen hat. »Ich bin das Licht der Welt« (Joh 8,12). »Ihr seid das Licht der Welt. Es kann die Stadt, die auf einem Berge liegt, nicht verborgen sein« (Mt 5,14), sondern sie leuchtet weit ins Land hinaus. Wenn Jesus als das Licht Gottes mitten in seiner Gemeinde ist, dann strahlt seine Gemeinde das Licht Jesu weiter in die Welt hinein.

Es könnte sein, daß Jesus aus der Gemeinde auszieht. Alles würde dann organisatorisch gut weiterlaufen, der »fromme Betrieb« wäre im Rollen, aber schon lange hätte die Gemeinde keine Strahlkraft mehr, die anderen den Weg zeigt – Strahlkraft, die in der Nacht der Welt Menschen anzieht.

**2. Jesus lobt seine Gemeinde (V. 2 f.)**

Es sei klar zum Ausdruck gebracht, daß wir als Gotteskinder nicht mit einer negativen Einstellung leben sollen. Wir wollen mit offenen Augen sehen, was der Herr heute unter uns tut.

»Ich kenne deine Werke.« Es ist etwas Großes, daß der Herr den Einsatz seiner Leute nicht geringachtet. Jesus sieht ihren Dienst und wertet ihn nicht ab. Es ist wahr, was Paulus schreibt: »...daß eure Arbeit nicht vergeblich ist in dem Herrn« (1. Kor 15,58b). Jesus geht nicht achtlos daran vorbei.

In Offenbarung 1,14 heißt es: »Seine (des Menschensohnes) Augen (waren) wie eine Feuerflamme.« Die Augen Jesu sind unbestechlich und klar. So heißt der Satz »Ich kenne deine Werke« anders übersetzt so: »Ich schaue durch und durch. Ich weiß, was wirklich bei dir los ist.« Diese Wahrheit gilt für unser persönliches Leben, und sie gilt im Blick auf unsere Gemeinden und Gemeinschaften. Der Herr sieht uns wie wir sind. Das ist einerseits außerordentlich tröstlich, ist aber auf der anderen Seite auch zum Erschrecken, weil wir vor Jesus eben nichts verbergen können. Alles liegt offenbar vor seinen Augen. Er sieht, was bei uns und in unseren Gemeinden nicht in Ordnung ist.

Groß in diesem Sendschreiben nach Ephesus ist dies, daß Jesus das ehrliche Bemühen sieht und unter sein Lob stellt. Was lobt er denn an dieser Gemeinde? Der Herr lobt die Arbeit (»Mühsal«), die in Ephesus geschieht. Hier steht für »Arbeit« im griechischen Text wieder ein Wort, das eine Zuspitzung enthält. Dieses Wort *kopos* heißt zu deutsch soviel wie »Schwerstarbeit«. Es ist die Arbeit, die Mühe und Schweiß kostet, die Arbeit, bei der man alle Kräfte einsetzen muß.

So arbeiteten die Christen in Ephesus. Man darf dies wohl in einer doppelten Weise deuten: So arbeiteten sie nach drinnen und ebenso nach draußen. »Nach drinnen« – dabei ist an die Auferbauung der Gemeinde gedacht, an den Dienst der Liebe gerade an den schwachen Gliedern. Der Dienst »nach draußen« ist die Missions- und Evangelisationsarbeit in der Umgebung dieser Christen.

Weiter lobt der Herr: »...und ... daß du die Bösen nicht ertragen kannst; und du hast die geprüft, die sagen, sie seien Apostel, und sind's nicht, und hast sie als Lügner befunden« (V. 2). In dieser Ephesusgemeinde gab es Prüfung und Scheidung der Geister. Dort kamen Menschen in die Gemeinde und gaben sich als Bevollmächtigte des Herrn, als Apostel aus: »Wir kommen in der Vollmacht Jesu! Wir sind durch die Autorität des auferstandenen Christus abgedeckt. Das Wort, das wir sagen, ist für euch verbindlich; das habt ihr anzunehmen!«

Die Gemeinde hat diese Männer einer gründlichen Prüfung unterzogen: Ist die Botschaft echt und wahr? Kommt sie wirklich im Namen des Herrn? Diese Gemeinde hat nicht einfach blindlings jedem Prediger geglaubt!

Es ist für mich erschütternd zu sehen, wie leichtgläubig viele Christen heute sind. Manche lassen sich »von jedem Wind einer Lehre« (Eph 4,14) hin und her bewegen. Wer kommt und fromme Worte spricht, findet oft sehr leicht Eingang und wird vielfach ohne Prüfung anerkannt. Es fehlt in den christlichen Kreisen sehr oft an der Prüfung der Geister. Wir werden aber im endzeitlichen Geschehen unserer Tage nicht ohne diese Prüfung auskommen. Die endzeitlichen Tage sind von der Macht der Verführung gekennzeichnet. Ein solches Kennzeichen wird sein, daß der Teufel, der Fürst der Finsternis, sich in einen »Engel des Lichts« verwandelt. Der Feind kann z.B. auch Geistesgaben nachäffen. Martin Luther hat deshalb den Teufel als »Affen Gottes« bezeichnet. Wehe, wenn die Christengemeinde jedem frommen »Rattenfänger« auf den Leim geht!

In Ephesus war der Missionseifer das erste, die Prüfung der Geister das zweite. Und das dritte war, daß die Christen dort »die Bösen nicht ertragen« konnten.

In der Gemeinde gab es also eine klare Scheidung, wo und wenn das nötig war. Die Gemeinde in Ephesus übte Gemeindezucht. Die Gemeindezucht im Sinne des »Hinaustuns« eines Gemeindegliedes kann nur eine allerletzte Möglichkeit sein. Seelsorgerlich haben wir um jedes Glied der Gemeinde zu ringen. Es gibt allerdings Situationen, in denen es nur noch eine Trennung geben kann (s. Mt 18,15 ff.; 1. Kor 5,1 ff.).

Weiter lobt der Herr die »Geduld« der Gemeinde von Ephesus, das standhafte Ausharren, die tapfere Beharrlichkeit: »Du harrst standhaft aus und bist tapfer und treu in der Arbeit und im Bekenntnis.«

### 3. Der Tadel des erhöhten Herrn (V. 4-7)

Der Vers 2,4 ist in diesem Sendschreiben der entscheidende. Es geht um das innigste Verhältnis zu Jesus. »Aber ich habe gegen dich, daß du die erste Liebe verläßt.«

Das ist so wichtig, daß Jesus als der große Seelsorger der Seinen den verborgenen Schaden aufdeckt. Wenn man die ephesische Gemeinde äußerlich ansah, konnte man sich nur herzlich freuen. Was war bei dieser Gemeinde an geistlichem Leben sichtbar! Aber den verborgenen Schaden sieht nur Jesus. Darum ist es so wichtig, daß wir uns in die Seelsorge Jesu begeben, daß wir uns ungeschminkt dem Worte Gottes aussetzen und bitten: »Herr, decke die verborgenen Schäden auf! Herr, zeige mir meine geistlichen Abnützungserscheinungen und das, weswegen ich von dir in die Heilung genommen werden muß!«

Jesus sagt: »So denke nun daran...!« Dieses Wort können wir auch so übersetzen: »Erinnere dich! Denke zurück an *die* Zeit, da dich der Ruf Jesu ereilte! Erinnere dich an *die* Zeit, als du dich zu Jesus bekehrt hast!« Martin Luther hat diese Worte so übersetzt: »Gedenke, wovon du gefallen bist!« Ich übersetze: »Gedenke, von welcher Höhe du gefallen bist!« Denn das, was Jesus tadelt, ist keine Kleinigkeit.

Wir sind geneigt, ganz anders zu denken. Wenn jemand die Ehe bricht, dann sagen wir: »Wie tief ist er gefallen!« Wenn sich jemand sittlich vergeht, so sagen wir: »Wie tief ist er gesunken!« Jesus bewertet viel mehr dies, wenn die Lebensverbindung seiner Leute zu ihm abgerissen ist, wenn der innerste Kontakt gestört und die Gemeinschaft der Liebe nicht mehr in Ordnung ist.

Aber Jesus ruft zur Buße. Der Herr schenkt zur Buße Raum, aber auf dem ernsten Hintergrund: »Wenn du die Buße verweigerst, werde ich den Leuchter wegstoßen« (V. 5). Damit meint der Herr, daß die Existenz der Gemeinde dann aufhören werde.

Die Gemeinde Jesu kann nicht nur vom Erbe der Väter leben – so groß das Erbe der Väter auch ist. Wir leben von der direkten Verbindung zu Jesus. Die entscheidende Frage an uns lautet: Wie stehen wir zu Jesus Christus? In Jesus Christus ruht die Fülle aller Gaben, die wir brauchen, haben und nehmen dürfen.

Es gibt im Christenleben zweierlei Gefahren. Das ist zum einen die Macht der Gewöhnung und zum anderen der Mangel an Zeit. Unter der »Macht der Gewöhnung« ist zu verstehen, daß uns Jesus im Laufe des Lebens zu einer alltäglichen Sache wird. Wir gewöhnen uns an ihn wie an all die vielen alltäglichen Angelegenheiten. Im geistlichen Leben geht es ja umgekehrt zu wie im irdischen Leben. Im irdischen Leben bin ich Kind, werde junger Mann und reife dann ins Leben hinein. Je älter man wird, desto selbständiger wird man. Aber im geistlichen Leben ist es umgekehrt. Ich erfahre meine Wiedergeburt und bekomme das Leben von Gott. Wenn mein geistliches Leben sich richtig entwickelt, dann komme ich in den Wachstums- und Reifeprozeß des Glaubens. Paulus schreibt: »...bis wir alle hingelangen ... zum vollendeten Mann, zum vollen Maß der Fülle Christi« (Eph 4,13). Das ist ein Immer-abhängiger-Werden von Christus. Je älter ich im Glauben werde, desto kindlicher wird mein Verhältnis zu Jesus. Jeder muß sich gegen die Macht der Gewöhnung wehren. Jesus darf für uns nie eine alltägliche Persönlichkeit werden.

Das zweite, was für den Glauben lebensgefährlich ist und zum Verlust, zum »Verlassen der ersten Liebe« führen kann, ist der »Mangel an Zeit«. Was ich nicht pflege, das geht mit der Zeit entzwei. Wofür ich keine Zeit habe, das verkümmert. Wenn zwei Eheleute ihre Ehe nicht mehr pflegen, dann wird aus dem Miteinander ein Nebeneinander. Wenn bei uns die Gemeinschaft mit Jesus nicht mehr gepflegt wird, dann leben wir gefährlich. Wer keine Zeit mehr für Jesus hat, lebt in tödlicher Gefahr. Viele Diener Gottes haben viel Zeit für ihren Dienst, aber wenig Zeit für die Stille mit Gott. Wir brauchen Stunden und Minuten, in denen wir mit Jesus ganz allein sind und er mit uns reden kann.

Darf ich es persönlich sagen: Mit 17 Jahren wurde ich bewußt Christ, ein Jünger Jesu. Damals war ich wie ein feuerspeiender Vulkan, wie ein reißender Gebirgsbach. Mit den Jahren der Nachfolge Jesu hat es ein Reifen gegeben. Was war das am Anfang meines Glaubenslebens für eine Freude an und eine Liebe zu Jesus! Die Liebe zu Jesus und die Erfahrung des Heils waren in meinem Leben so überwältigend, daß mir anderes gar nicht mehr schmeckte. Heute frage ich mich oft: Bin ich immer noch in dieser Ausgangsstellung wie damals, so brennend für Jesus? Hat Jesus den ganzen Raum meines Herzens inne, und nimmt er den Thron meines Lebens ein? Wenn das bei mir und bei anderen nicht der Fall ist, müssen wir Buße tun und uns die erste Liebe von Jesus selbst wieder schenken lassen.

In Vers 6 heißt es, daß die Gemeinde in Ephesus »die Werke der Nikolaïten« haßt – nicht jedoch die Nikolaïten, sondern deren sündigen Werke. Denn wir suchen bis heute den Sünder, aber wir hassen die Sünde! Die Nikolaïten waren eine Gruppe von Schwärmern in der Gemeinde. Die Gefährdung des Gemeindelebens kam von innen her, nicht von außen. Die Nikolaïten waren eine kleine Gruppe. Sie schlossen sich zu einer Sekte zusammen und spalteten sich dann von der Gemeinde ab. Konsequent hat die Ephesusgemeinde diese Schwärmer ausgeschlossen. Die Nikolaïten lehrten, die Zeit des Gesetzes sei vorbei und als Christ lebe man in völliger Freiheit. Zudem könne man mit dem Leib sündigen, denn der Leib sei ja nichts wert. Dies war der Einbruch von griechischer Philosophie in die christliche Gemeinde; sie brachte die Abwertung des Leibes mit sich! Des weiteren lehrten die Nikolaïten, wenn der Leib durch sittliche Ausschweifungen verunreinigt sei, so stehe dem die unbegrenzte Gnade der Vergebung gegenüber. Die Nikolaïten befürworteten daher z.B. die Vielweiberei. Sie wollten zur Unzucht verführen. Die Christengemeinde von Ephesus hat diese »Werke der Nikolaïten« gehaßt und diese Verführergruppe in ihrer Mitte nicht geduldet, nicht ertragen.

Am Schluß des ersten Sendschreibens steht: »Wer Ohren hat, der höre...« Die Frage an uns lautet, ob wir überhaupt noch hören können. Sind wir als Christen bereit, die Stimme Jesu zu hören und ihr zu gehorchen?

Was »sagt der Geist den Gemeinden«? »Wer überwindet, dem will ich zu essen geben von dem Baum des Lebens, der im Paradies Gottes ist.« »Wer überwindet« – das heißt: »Wer Sieger bleibt...!« Das ist uns ja klar: Sieger können wir nur in der Gemeinschaft mit Jesus sein, mit ihm, der gesiegt hat. Keiner kann von sich aus im Kampf durchhalten. Jesus schenkt uns Sieg! Jesus läßt uns überwinden! »...dem will ich zu essen geben von dem Baum des Lebens, der im Paradies Gottes ist.« Adam und Eva hätten wohl nach bestandener Prüfung vom Baum des Lebens essen dürfen. So hätten sie als Kinder Gottes der Herrlichkeit Gottes im vollen Sinn teilhaftig werden dürfen. Aber sie bestanden ihre Prüfung nicht!

Deshalb ergeht an uns die Aufforderung und Verheißung: »Wer überwindet, dem will ich zu essen geben von dem Baum des Lebens, der im Paradies Gottes ist.« Demjenigen, der überwindet, wird der Zugang zum Paradies wieder eröffnet. Der Zugang zum Paradies bedeutet Gemeinschaft mit Jesus in alle Ewigkeit.

Lukas 23 steht das Wort Jesu an den Schächer: »Heute wirst du mit mir im Paradies sein« (V. 43). Was den ersten Menschen im Paradies verwehrt war, das wird dem Überwinder im Paradies Gottes gewährt und geschenkt. Er darf vom Lebensbaum nehmen. Jesus Christus schenkt dem Überwinder die Gemeinschaft mit sich selbst in ewiger Seligkeit und Herrlichkeit.

# Das Sendschreiben an die Gemeinde zu Smyrna

*»Und dem Engel der Gemeinde in Smyrna schreibe: Das sagt der Erste und der Letzte, der tot war und ist lebendig geworden: Ich kenne deine Bedrängnis und deine Armut – du bist aber reich – und die Lästerung von denen, die sagen, sie seien Juden, und sind's nicht, sondern sind die Synagoge des Satans. Fürchte dich nicht vor dem, was du leiden wirst! Siehe, der Teufel wird einige von euch ins Gefängnis werfen, damit ihr versucht werdet, und ihr werdet in Bedrängnis sein zehn Tage. Sei getreu bis an den Tod, so will ich dir die Krone des Lebens geben. Wer Ohren hat, der höre, was der Geist den Gemeinden sagt! Wer überwindet, dem soll kein Leid geschehen von dem zweiten Tode« (Offb 2,8-11).*

In Smyrna ist der berühmte Dichter Homer geboren. Smyrna war eine sehr reiche Stadt, eine weltberühmte Handelsstadt. Nannte man Ephesus das »Licht Asiens«, so hieß Smyrna sogar das »Schmuckstück« und die »Krone Asiens«. In Smyrna standen wundervolle Baudenkmäler, prachtvolle heidnische Tempel.

Aus der Kirchengeschichte wissen wir, daß im Februar 155 n.Chr. der Bischof Polykarp, der hochbetagte Vorsteher der dortigen Christengemeinde, den Märtyrertod gestorben ist. Es wird berichtet: »Ein großer, fanatischer Volkshaufe hatte sich im Stadion der Stadt versammelt. Auf die Aufforderung des Statthalters hin, doch sein Alter zu schonen und seinem Glauben abzusagen, antwortete der Greis: ›Sechsundachtzig Jahre habe ich Christus gedient, und er hat mir nur Gutes getan; wie könnte ich meinen König lästern, der mich erlöst hat?‹ Zunächst bedrohte ihn der Statthalter damit, ihn den Löwen vorzuwerfen und ihn dann lebendig verbrennen zu lassen. Schon eilte das Volk, in Erwartung eines sensationellen Schauspiels, aus Bädern und Werkstätten Holz und Reisig herbeizuholen. Noch ehe der Holzstoß entzündet werden konnte, brach der Mann in einen lauten Lobpreis Gottes aus, daß er ihn dieser Stunde gewürdigt habe und auch ihm Anteil gegeben an der Schar der Blutzeugen.«

## 1. Die Vorstellung des erhöhten Herrn (V. 8)

Die Gemeinde in Smyrna befand sich in einer schwierigen Lage: im Martyrium. Darauf nimmt der erhöhte Herr Bezug: »Das sagt der Erste und der Letzte, der tot war und ist lebendig geworden...« Jesus stellt sich seiner bedrängten Gemeinde als der auferstandene Fürst des Lebens vor, als der, »dem alle Vollmacht gegeben ist in den sichtbaren und in den unsichtbaren Bereichen des Kosmos« (Mt 28,18). Im Angesicht des Leidens soll die Gemeinde das noch einmal hören: Sie hat einen Herrn, der am Anfang und am Ende aller Dinge sein wird, der das erste Wort hatte und der das letzte Wort haben wird. Jesus wird dann noch Herr sein, wenn alle Weltweisen und Weltgroßen nicht mehr da sind. Wenn wir in die Heilige Schrift – etwa in den Kolosserbrief – schauen, erfahren wir: Jesus ist der ewige Gottes-Sohn. Jesus ist der kosmosumspannende Herr, der ist und der sein wird von Ewigkeit zu Ewigkeit.

Das andere, das hier wichtig ist: Jesus stellt sich vor als der, »der tot war und ist lebendig geworden«. Der Herr Jesus war wirklich tot, ist wirklich unseren Tod gestorben. Das wird in dem alten Osterbekenntnis 1. Korinther 15 deutlich zum Ausdruck gebracht durch die Formulierung: »Er ist begraben worden« (V. 4a). Er wurde ins Grab gelegt. Aber er hat den Tod hinter sich und ist im Leben! Er ist in einem unbezwingbaren und unbesiegbaren Leben. Jesus ging den Sterbensweg – aber den Sterbens- und Opferweg durch den Tod in das Leben hinein.

Die Gemeinde von Smyrna hat den Opferweg vor sich, denn sie steht in der Nachfolge dessen, der durch den Tod ins Leben und durch das Leiden in die Herrlichkeit gegangen ist. Der Weg des Christus ist der Weg seiner Gemeinde. Daran soll die Zeugenschar denken, denn sie ist in der Hand ihres Herrn geborgen.

Ich hörte einmal zwei russische Brüder ihr Zeugnis ablegen. Beide durften ausreisen, nachdem sie jahrelang in unzumutbaren Gefängnissen in der Sowjetunion eingesperrt gewesen waren. In ihrem Zeugnis haben diese beiden in großer Demut und mit Zurückhaltung von ihrem vergangenen schweren Lebensweg berichtet. Dabei ist mir aufgefallen, daß beide immer wieder hervorhoben und betonten, daß sie durch ihr Zeugnis keinen Haß säen wollten. Sie wollten nur von der Gemeinde unter dem Kreuz und im Leiden Zeugnis geben. Was sie von dieser leidenden Christengemeinde in der UdSSR erzählt haben, war furchtbar und erschütternd. Aber es war auf der anderen Seite großartig, wie ihnen Jesus als »der Erste und der Letzte und der Lebendige« Liebe und Kraft für ihre Peiniger schenkte. Ich bin der Meinung, daß die Kreuzes- und Leidensgemeinde noch viel mehr die Kraft, die Wunder und die Nähe unseres Heilandes Jesus Christus erlebt als die Gemeinde in äußerer Freiheit und Ruhe.

Pfarrer Wilhelm Busch hat Ähnliches erfahren. Während des Dritten Reiches war er um des Evangeliums und um des Zeugnisses von Jesus willen eingesperrt. Darüber berichtete er: »«Das war für mich das größte Erlebnis während der Gefängniszeit, daß selbst drei Riegel den Heiland nicht aufhalten können. Der Herr Jesus kam zu mir in solch einer Weise in die schreckliche Gefängniszelle wie nie zuvor und wie auch nachher nicht mehr. Als meine Frau mich einmal besuchte und sagte: ›Du gehst ja zugrunde!‹, konnte ich nur erwidern: ›Nein, mir geht's wie den Priestern bei der salomonischen Tempeleinweihung. Da heißt es: Die Herrlichkeit des Herrn erfüllte den Tempel, daß die Priester nicht stehen konnten.‹ So war meine dreckige Zelle erfüllt mit der Gegenwart Jesu, daß ich's fast nicht aushielt. So, wie es der Liederdichter zum Ausdruck bringt:

> Ach, mein Herr Jesu, dein Nahesein
> bringt großen Frieden ins Herz hinein.
> Und dein Gnadenanblick
> macht uns so selig,
> daß Leib und Seele darüber fröhlich
> und dankbar wird.«

## 2. Ein Wort zur Lage der Gemeinde (V. 9)

Es sind drei Kennzeichen, die die Situation der Gemeinde von Smyrna umschreiben:

a) »Ich kenne deine Bedrängnis.« Das Wort, das Luther einst mit »Trübsal« (heute: »Bedrängnis«) übersetzte, bedeutet »Leiden um des Evangeliums willen«. »Trübsal« bzw. »Bedrängnis« ist kein irdisches, menschliches Kümmernis, etwa, daß ich einen lieben Menschen verliere oder durch Krankheitsnöte gehen muß. Das Wort »Trübsal« hat die Zuspitzung auf das Leiden um Christi und um des Evangeliums willen. Der Apostel Johannes, der auf der Insel Patmos »um des Wortes Gottes willen und des Zeugnisses von Jesus in der Verbannung« ist (Offb 1,9), steht selbst in der »Trübsal«. Wenn man dieses Wort genau übersetzt, dann heißt das soviel wie »es liegt ein schwerer Druck auf jemandem«, »man steht unter einem schweren Gewicht, das einen zermalmen will«.

Die Gemeinde von Smyrna lebte unter schwerstem Druck. Sie ist in der Situation des Zerbrochen- und Zerknicktwerdens. Im Grunde genommen ist dies ja der Normalzustand der Gemeinde zu allen Zeiten. Wir in Westeuropa erleiden dieses Zermalmtwerden nicht wie die vielen Christen in der Verfolgung. Ich meine, daß wir viel mehr mit der Märtyrergemeinde unserer Tage leben sollten.

Stellvertretend nenne ich nur die Christen in Äthiopien. Eine schreckliche Verfolgungswelle ging über die Zeugen Jesu in diesem Land. Viele gläubige Studenten und christliche Persönlichkeiten wurden gemartert, und manche haben dabei ihr Leben lassen müssen. Vor einiger Zeit war einer meiner Freunde in Äthiopien und fragte bei den Regierungsstellen nach einer christlichen Persönlichkeit, wo sie sich befände. Sie war seit Wochen verschwunden. Niemand wußte, in welchem KZ oder Foltergefängnis dieser Mann gequält wurde. Die Berichte, die uns von der Verfolgung überliefert worden sind, sind grauenvoll. Als mein Freund also bei amtlichen Stellen nach dem Verbleib des Zeugen Jesu nachfragte, wurden die Beauftragten der Regierung sehr wütend und unterstellten den äthiopischen Christen politische Motive. Dies war in der Vergangenheit bis in unsere Tage die Lügenpropaganda der antichristlichen Machthaber. Sie nannten die Jünger Jesu »Staatsfeinde« und unterstellten ihnen politische Motive, um sie mundtot zu machen.

b) Das Zweite, das die Umstände der Gemeinde in Smyrna kennzeichnete, war Armut. Jesus sagt: »Ich kenne ... deine Armut.« Auch hier müssen wir auf das griechische Wort hören. Das Wort für »Armut«, das der Herr hier benützt, bedeutet soviel wie »absolute, totale Armut«. Ein Mensch ist in bitterster Not und hat nichts mehr. Das bedeutete für die Christen in Smyrna, daß ihr Hab und Gut zerstört worden ist. Wir denken etwa an die Reichskristallnacht 1938, als man die Juden dadurch vernichten wollte, daß man ihnen die Existenzgrundlage zerstörte. Man wollte mit teuflischem Eifer das Judentum ausrotten.

In Smyrna wurde den Christen deren Existenzgrundlage genommen, indem man ihnen keine Arbeit gab. Ein Christ fand keine Beschäftigung, wenn er Jesus Christus nicht abschwor. So wie die Juden im Dritten Reich mit dem gelben Davidsstern gekennzeichnet wurden, so ungefähr war die Lage der Brüder und Schwestern in Smyrna. Man hat sie beraubt. Sie durften sich keine wirtschaftliche Existenz aufbauen. Die Christen lebten in bitterster Armut. Aber auf der anderen Seite ist es wunderbar, daß der Herr hinzufügt: »Du bist aber reich.« Der einzige und größte Reichtum, den die Gemeinde hat, ist ihr Herr.

Was wir als Christengemeinde heute alles besitzen, hatten die Christen damals nicht. Ihnen gehörten weder Kirchen noch Gemeinschaftshäuser, und sie hatten auch kein Neues Testament. Sie besaßen weder Geld noch hatten sie politischen Einfluß. Aber die Jünger Jesu in Smyrna hatten den größten Reichtum: Sie hatten Jesus Christus, den Sohn Gottes, als ihren Herrn. Jesus Christus ist mehr als alle Schätze und Ehren dieser Welt.

Die Christen in Smyrna waren einzig auf ihren Heiland Jesus Christus geworfen. Deutlich muß das bezeugt werden: Jesus ist genug! Wenn wir in dieser Welt von nichts anderem leben als von Jesus und dem Reichtum seiner Fülle, dann ist das genug.

c) Als drittes Kennzeichen der Gemeinde in Smyrna nennt der Herr: »Ich kenne ... die Lästerung.« Ich übersetze das griechische Wort für »Lästerung« besser und genauer mit »Verleumdung«. Das Wort »Lästerung«, wie Luther übersetzte, gibt auch einen guten Sinn. Die wahre Jesusgemeinde wird von der falschen Kirche gelästert, zugleich auch der Name ihres Herrn. Aber es geht, wenn wir den griechischen Urtext betrachten, noch um einen weiteren Punkt, nämlich um das »Verleumdetwerden« von der falschen Kirche. Das heißt mit anderen Worten, daß man die Gemeinde von Smyrna dadurch zerstören wollte, daß man Unwahrheiten über sie verbreitete. Man streute unwahre und böse Gerüchte aus und entwürdigte somit die Ehre der Christen.

Wenn Jesus sagt, daß diese Verleumdungen, die von »Juden« kommen, von der »Synagoge« ausgehen, so ist das erschütternd. Es ist erschreckend, wenn der Herr, der selbst so oft in der Synagoge war, sagen muß, die Synagoge in Smyrna sei eine »Synagoge des Satans«. Von der Synagoge in Smyrna geht der dämonische Angriff Satans gegen die Jesusgemeinde aus. In der Synagoge ist nicht mehr der heilige und allmächtige Gott mit seiner Gegenwart der Mittelpunkt, sondern der Satan hat seinen Einzug gehalten.

Damit wir die Situation besser verstehen, sei darauf hingewiesen, daß es in Smyrna eine große, angesehene jüdische Gemeinde gab. Ihre führenden Persönlichkeiten übten großen Einfluß auf die staatliche Öffentlichkeit aus. Die Juden gehörten zu den reichen Leuten der Stadt. Zugleich opferten sie sehr viel Geld zur Verschönerung der Stadt, was ihnen ein hohes Ansehen vor der Welt verschaffte.

Weil nun der Angriff gegen die Christen von den Juden ausging, wurde das selbstverständlich von den Heiden mit ganzer Kraft unterstützt. Es gibt in dieser Welt nicht nur eine, sondern zwei Kirchen: zum einen die echte und treue Jesusgemeinde und zum anderen die falsche Kirche. Auf der einen Seite ist die treue Schar, bei der Jesus mitten unter dem goldenen Leuchter wandelt, und auf der anderen Seite die Gruppe, in der Satan sein Unwesen treibt.

So wie es in Smyrna gewesen ist, so blieb es die ganze Kirchengeschichte hindurch – bis heute! Wir wissen um das endzeitliche Geschehen, das noch einmal seinen Höhepunkt haben wird, wenn die unechte Kirche mit dem antichristlichen Weltstaat buhlt. Dann wird sich die falsche Kirche besonders dadurch auszeichnen, daß sie die wahre Jesusgemeinde verfolgt und Handlanger des Antichristen ist. In unserem Zeitgeschehen läuft manches schon wegbereitend auf dieses Ziel zu.

### 3. Der Weg der Gemeinde (V. 10 f.)

Es ist nun wichtig, daß der erhöhte Herr jenen Christen in Smyrna sagt: »Fürchte dich nicht vor dem, was du leiden wirst!« Der Weg der Christen geht ins Leiden. Die Gemeinde wird also am Leiden nicht vorbeigeführt. Das Leiden wird ihr nicht erspart. Jesus führt seine Gemeinde ins Leiden hinein und sagt ihr zugleich zu, daß er sie durchs Leiden hindurchführen werde. Am Anfang von Vers 10 gibt der Herr einen Trostblick: »Fürchte dich nicht vor dem...!«

Die Leiden der Jünger Jesu sind oft schrecklich. 25 Jahre im sibirischen KZ inhaftiert zu sein ist unheimlich schwer. Jahre in Dunkelzellen zuzubringen, mit abscheulichen Verhören, ist keine Kleinigkeit.

Wenn Jesus sagt: »Fürchte dich nicht vor dem...«, dann muß ein solcher Satz auf dem Hintergrund des Evangeliums gehört werden. Der Herr appelliert also nicht an das Heldentum seiner Gemeinde. Er tritt nicht wie ein General vor seine Truppe, die in Feuer und Tod geschickt werden soll, mit den Worten: »Seid tapfer, seid Helden, haltet durch, auch wenn ihr sterben müßt!«

Das »Evangelium« in diesem Sendschreiben enthält Vers 8: »Ich bin der Erste und der Letzte, der tot war und ist lebendig geworden.« »Weil ich immer da bin, weil ich euch in meiner Hand habe, weil ich im Leiden keinen Schritt von euch weiche, weil ihr, wenn ihr ganz einsam seid, nie alleine seid, darum könnt ihr euch auf mich verlassen.« »Ich bin bei euch alle Tage bis an der Welt Ende« (Mt 28,20). »Jede Sekunde deines Lebens bin ich bei dir« – so übersetze ich diesen Satz. Deshalb sollen wir auch die göttlichen Imperative (Imperativ = Befehlsform des Zeitworts) nicht ohne den Indikativ (= Wirklichkeitsform des Zeitworts) des Evangeliums bezeugen. Wer dies dennoch tut, macht aus den Imperativen Gesetze, die am Ende doch keiner einhalten kann. Wenn wir den Menschen Weisungen und Gesetze verkündigen, dann sollen wir es auf dem Hintergrund des Evangeliums tun. Die Zehn Gebote stehen auf dem Fundament: »Ich bin der Herr, *dein* Gott!« In diesem Satz ist das Wort »dein« hervorzuheben. Denn dieses Wörtlein bedeutet: »Ich bin der Gott, der dir gehört und zu dem du gehörst!«

Des weiteren ist hier wichtig: »Ihr werdet versucht.« Der Teufel darf also an die Gemeinde heran. Hinter allem Bösen, das Menschen gegen die Gemeinde betreiben, steht der Fürst der Finsternis. Luther sagt: »Der Teufel ist Gottes Teufel.« Damit will er zum Ausdruck bringen, daß der Teufel nicht Gottes Partner und nicht mit Gott auf derselben Ebene ist, denn der Teufel wurde am Kreuz durch Jesus besiegt und steht unter Gott. Der Teufel darf nie mehr tun, als Gott ihm zuläßt.

Die Leidenszeit ist für die Gemeinde Bewährungszeit. Die Erprobungszeit ist bemessene Zeit, nämlich »zehn Tage«. In den Tagen der Bewährung ist die Schar der Christen zur Treue gerufen. Pfarrer Wilhelm Busch legt den Satz »...und ihr werdet in Bedrängnis sein zehn Tage« so aus: »Dies ist biblische Bildersprache. Es sind nicht zehn Tage unserer Zeitrechnung gemeint. Zehn ist die Zahl der gerichtsreifen Welt. Also: Ihr werdet der gerichtsreifen Welt übergeben werden. Aber indem Gott eine Zahl nennt, macht er deutlich, daß das Leiden begrenzt ist. Welt und Teufel haben nur so viel Gewalt, als Gott zuläßt.«

Es sei an die Blutzeugen des Baltenlandes und an deren Verfolgung erinnert. Stellvertretend für viele Christen, die diese »zehn Tage« Trübsal zu erleiden hatten, nenne ich Traugott Hahn (1875-1919). Der Bericht über diesen Zeugen Jesu nach F. Hauss (»Väter der Christenheit«): »Ungeachtet des Schreckensregiments der Kommunisten, das im Dezember 1918 begann, hielt er ruhig seine Gottesdienste. Als am 29. Dezember das Abhalten von Gottesdiensten untersagt wird, die Kirchen zum Eigentum der Kommune erklärt werden und den ›Pfaffen‹ befohlen wird, Dorpat zu verlassen, sammelt Hahn kleine Kreise im Pfarrhaus und in Privathäusern zu gottesdienstlichen Feiern. Am Abend eines solchen Arbeitstages sagte er zu seiner Frau: ›Wenn ich jetzt sterben müßte, so hätte sich mein Bleiben doch gelohnt.‹ Am 3. Januar 1919 wurde er verhaftet und in das Gefängnis, das im Erdgeschoß eines Bankgebäudes lag, geführt. In dem kleinen Raum waren 50 Personen eingepfercht, die eisernen Fensterläden heruntergelassen, eine Luft zum Ersticken. Mit dem griechischen Bischof Platon und vielen Gemeindegliedern pflegte er geistiges und geistliches Leben. In den Verhören wird ihm vorgeworfen, er habe die Bolschewiken ›Räuberhorden‹ genannt. Es wurde von ihm verlangt, er solle Christus nicht mehr predigen, was sowohl er wie Bischof Platon ablehnten. Sein Eindruck war: ›Ich war verurteilt, ehe ich noch ein Wort gesagt.‹ Die ersten Todesurteile werden vollzogen. Hahn lebt nur noch im Wort Gottes und im Gebet. Schon heulen die Granaten der deutschen Befreier über der Stadt. Da wird der Bischof Platon von dem Kommissar herausgerufen. Im Keller ertönt ein kurzer Schuß. Der Priester Beschanitzki wird gerufen. Wieder der dumpfe Knall im Keller unter den Gefangenen. Als dritter wird Hahn aufgerufen. Mit auf der Brust gefalteten Händen, nach oben gerichtetem Blick verläßt er mit großen Schritten den Raum. Auf dem Flur des Gefängnisses findet man seine Bibel. Sie öffnet sich immer wieder bei 2. Korinther 12,9. Als die Schergen vor den Befreiern geflohen waren, fand man die Leiche im Mordkeller. Man trug sie ins Pfarrhaus, wo sie aufgebahrt wurde. Es war am 14. Januar 1919. 45 baltische evangelische Pfarrer haben in jenen Tagen den Tod erlitten.«

Die Christen in Smyrna werden nicht nur »bis an den Tod«, sondern »bis in den Tod hinein« zur Hergabe des irdischen Lebens gerufen. Es gibt im Griechischen zwei Worte für »Krone«: Das Wort *diadem* bezeichnet die Königskrone; das Wort *stephanos*, das hier im griechischen Text steht, bedeutet »Siegeskranz«. (Von dem Wort *stephanos* ist der deutsche Name »Stefan« abgeleitet.) Den »Siegeskranz« empfängt, wer z.B. bei einem sportlichen Wettlauf zuerst das Zielband durchreißt, also der Sieger im Wettkampf. Die »Königskrone« empfängt der Gewählte oder der Königserbe bei seiner Krönung.

Es geht darum, daß wir in Leiden und Sterben in der Kraft Jesu siegen. Es ist der Ton des Jubels, der Freude. Wenn ein Sportler gesiegt hat, dann ist er voll Freude und Jubel, denn sein Training hat sich gelohnt. So, sagt der Herr, werde es den Seinen gehen, die sich in seiner Kraft im Leiden bewähren. »Die mit Tränen säen, werden mit Freuden ernten« (Ps 126,5). Wie nach der Nacht von Karfreitag die Sonne von Jesu Ostersieg leuchtet, so geht auch die leidende Gemeinde ihrem Ostersieg entgegen. Unzählige Peiniger von Christen wurden nach Hinrichtungen auch Jünger Jesu. Die Ewigkeit wird einmal offenbar machen: »Das Blut der Märtyrer ist der Same der Kirche.«

Wie anders sollte man es verstehen, daß in Rußland nach mehr als 50 Jahre währender atheistischer Erziehung junge Menschen nach Jesus fragen, wie dort, in der UdSSR, ein Hunger nach dem Wort Gottes aufbrach und aufbricht! Zwar war und ist dies keine überwältigende Erweckung, die durch das ganze Land zieht, aber es geschah doch z.B. in manchen sibirischen Dörfern, unter Studenten in Leningrad und bei Vertretern aller Schichten in Moskau. Es war ein Aufbruch, ein Fragen nach Jesus, dem Sohn Gottes, der das irdische Leben unbegrenzt glücklich macht. Ein russischer Intellektueller meinte: »Wir haben uns lange genug mit dem Menschen beschäftigt. Es ist höchste Zeit, daß wir uns wieder mit Gott beschäftigen.« Bei solchen Entwicklungen und Erfahrungen kommt etwas vom Siegeszug des Evangeliums zum Vorschein.

In Vers 11 steht der Überwinderspruch: »Wer Ohren hat, der höre, was der Geist den Gemeinden sagt! Wer überwindet, dem soll kein Leid geschehen von dem zweiten Tode.« Die Gemeinde von Smyrna sieht dem Tod ins Auge. Aber hier sagt Jesus: »Fürchtet euch nicht vor denen, die den Leib töten, habt aber Furcht vor Gott, der den zweiten Tod gibt!«

Wir wollen das ernste Zeugnis der Heiligen Schrift, das von einem zweiten Tod spricht, nicht mildern oder aufheben! Ich weiß, daß manche Christen sagen, daß der zweite Tod kein ewiger Tod sei, sondern ein Tod, der auch einmal aufgehoben werde, wenn am Ende und am Ziel aller Dinge Gott alles in allem und seine ganze Schöpfung mit ihm versöhnt sein werde. All das, was Gott am Ende aller Dinge tun wird, weiß ich nicht, denn ich bin kein Geheimrat Gottes. Ich möchte bei diesem Zeugnis vom Ernst des Gerichtes bleiben. Es bezeugt: »Du kannst verlorengehen!« Es ist das Zeugnis von dem zweiten, dem ewigen Tod.

Der Gemeinde von Smyrna wird zugerufen: »Fürchte dich nicht vor dem ersten Tod!« Denn wer mit Christus stirbt, der wird mit Christus auferstehen. Wer mit Christus leidet, wird mit Christus erben. Wer mit Christus alles verliert, wird mit ihm alles gewinnen und zur Herrlichkeit erhoben werden.

Dieser Brief Jesu an seine Gemeinde ist kein Brief für Spekulationen, sondern ein Brief zur Tröstung, ein Seelsorgebrief für alle Christen, die ins Leiden müssen.

# Das Sendschreiben an die Gemeinde zu Pergamon

*»Und dem Engel der Gemeinde in Pergamon schreibe: Das sagt, der da hat das scharfe, zweischneidige Schwert: Ich weiß, wo du wohnst: da, wo der Thron des Satans ist; und du hältst an meinem Namen fest und hast den Glauben an mich nicht verleugnet, auch nicht in den Tagen, als Antipas, mein treuer Zeuge, bei euch getötet wurde, da, wo der Satan wohnt. Aber einiges habe ich gegen dich: du hast Leute dort, die sich an die Lehre Bileams halten, der den Balak lehrte, die Israeliten zu verführen, vom Götzenopfer zu essen und Hurerei zu treiben. So hast du auch Leute, die sich in gleicher Weise an die Lehre der Nikolaïten halten. Tue Buße; wenn aber nicht, so werde ich bald über dich kommen und gegen sie streiten mit dem Schwert meines Mundes. Wer Ohren hat, der höre, was der Geist den Gemeinden sagt! Wer überwindet, dem will ich geben von dem verborgenen Manna und will ihm geben einen weißen Stein; und auf dem Stein ist ein neuer Name geschrieben, den niemand kennt als der, der ihn empfängt« (Offb 2,12-17).*

Auch bei diesem Sendschreiben soll zunächst einmal verdeutlicht werden, in welcher Situation die Gemeinde der Christen in Pergamon lebte. Pergamon war die berühmteste Provinzhauptstadt in Asien. Drei Besonderheiten kennzeichnen die Lage dieser Stadt:

1. Pergamon war das Kulturzentrum der Provinz. Im Mittelpunkt der Stadt befand sich eine riesige Bibliothek mit mehr als 200.000 Pergamentrollen. Die Fürsten der königlichen Residenz verwandten viel Sorgfalt darauf, diese wertvollen Handschriften zu vervielfältigen. Das Pergament wurde wohl nach der Stadt Pergamon so benannt. In Pergamon wurde zum erstenmal dieses besondere Material entdeckt, das seitdem unter dem Namen »Pergament« bekannt ist.

2. Die Stadt wurde außerdem als religiöses Zentrum bekannt. In Pergamon verteidigte man die griechische Lebensweise und die griechische Götterverehrung. Der heidnische Gott der Heilkunde, Äskulap, hatte im Zentrum der Stadt sein Heiligtum, an dem er verehrt

wurde. Wir können sagen, daß dieses Heiligtum ein Wallfahrtsort für Heilsuchende war. Dieser heidnische Gott Äskulap trug in den zeitgeschichtlichen Quellen den Beinamen »Heiland« oder »Erlöser«. Man berichtete von wunderbaren Heilungen, die an diesem Äskulapheiligtum geschehen seien.

Das Symbol des Äskulap war die Schlange. Heute haben die Ärzte noch den Äskulapstab als ihr Symbol. Das ist der Stab, um den sich eine Schlange windet.

Die Christen aller Zeiten haben freilich die Schlange als das Symbol des Bösen angesehen. Uns ist dies aus der Geschichte vom Sündenfall bekannt. Die Schlange ist das Symbol des Teufels. Es gab in Pergamon eine große Anzahl von solchen Priesterärzten, die ihren Dienst in dem heidnischen Tempel taten. Tausende von Menschen zog es nach Pergamon, die in jenem Heiligtum Heilung und Genesung für ihren Leib finden wollten.

3. Pergamon war der Mittelpunkt des Kaiserkultes. Dort stand auch ein Kaisertempel, in dem die Bürger der Stadt dem Kaiser Opfer darbringen mußten.

a) Jeder Bürger Pergamons mußte einmal pro Jahr zum Kaisertempel.

b) Dort mußte er seine Opfer für den Kaiser darbringen, der ja göttliche Verehrung beanspruchte. In einer Schale mußte Weihrauch geopfert werden.

c) Bei der Opferung mußte jeder Bürger das Bekenntnis ablegen: »Der Kaiser ist der Herr [griech. *kyrios*]!«

d) Wenn der Bürger von Pergamon sein Opfer dargebracht hatte, bekam er dafür eine schriftliche Bestätigung, die besagte, daß er dem Kaiserkult Genüge getan habe.

Dies hebe ich einleitend hervor, damit verständlich ist, warum der Herr Jesus zu seiner Gemeinde in Pergamon sagt: »Ich weiß, wo du wohnst: da, wo der Thron des Satans ist« (V. 13). Von der Jesusgemeinde in Pergamon wurde ein Bekenntnis verlangt, das die Christenheit niemals ablegen kann und darf, ohne Christus, ihren Heiland, zu verleugnen. Denn dieses Bekenntnis »Der Kaiser ist der Herr!« war eben nicht nur ein politisches, sondern zugleich ein religiöses Bekenntnis. Durch dieses Bekenntnis forderte der Kaiser eine totale Anerkennung im Politischen wie auch im Religiösen. Letzteres stand ihm nicht zu.

Damit wollte der Kaiser zum Ausdruck bringen, er sei derjenige, der von den Göttern komme und von ihnen abstamme. Er sei der Herr aller Herren, nämlich der römische Cäsar. Dazu sagten die Christen von Pergamon ein klares Nein, denn Jesus Christus ist »der Herr aller Herren und der König aller Könige« (Offb 17,14; 19,16).

Die Christen waren zu keiner Zeit politische Aufrührer! Auch heute steht es den Jüngern Jesu nicht zu, Revolution zu betreiben. Der Herr sagt in der Heiligen Schrift: »Gebt dem Kaiser, was des Kaisers ist, und Gott, was Gottes ist!« (Mt 22,21; Mk 12,17; Lk 20,25). Für die Christen bedeutete das: »Gebt dem Kaiser seine Steuern, die er verlangt! Aber gebt der Obrigkeit niemals göttliche Verehrung!« Die Obrigkeit hat zwar ein Anrecht darauf, daß wir sie als Ordnungsmacht anerkennen. Aber der Obrigkeit darf niemals Verehrung zukommen, die allein Gott, dem Herrn, zusteht. Wenn eine Regierung verlangt, was dem Worte Gottes zuwider ist, dann müssen Christen ihr darin den Gehorsam verweigern. Dann müssen wir »Gott mehr gehorchen als den Menschen« (Apg 5,29).

Deshalb verstehe ich, daß viele meiner Freunde während des Dritten Reiches nicht »Heil Hitler!« sagen konnten. Denn das Wort »Heil« ist ein biblisches, messianisches Wort. Dieses Wort auf einen Menschen anzuwenden gäbe diesem etwas, was nur Gott gebührt. Deshalb legten auch die Christen in Pergamon dies Bekenntnis für den Kaiser nicht ab!

Der Herr der Christen ist Jesus, der gekreuzigte und auferstandene Heiland. 1. Korinther 12,3 steht das erste und kürzeste Bekenntnis: »Herr *[kyrios]* ist Jesus.« Man muß Bekenntnisse in der Auseinandersetzung mit den Geistern der Zeit verstehen. Das Bekenntnis will im Kampf der Nachfolge Jesu eine Hilfe sein. Dieses Bekenntnis »Herr ist Jesus« war ein scharfer Gegensatz zu den heidnischen, religiösen Verehrungen des Kaisers.

Jedes christliche Bekenntnis enthält nicht nur ein Ja, sondern beinhaltet immer auch ein klares Nein. Ein Bekenntnis macht nicht nur eine positive Aussage, sondern es grenzt auch deutlich ab.

Für das Bekenntnis zu Christus sind die Jünger Jesu der ersten Jahrhunderte – und viele bis heute – in die Verfolgung und ins Martyrium gegangen. Ihnen war unverrückbar in Herz und Gewissen geschrieben, daß das Christusbekenntnis nicht mit zweifelhaften Bekenntnissen vermischt werden kann.

Den Christen von Pergamon hätte niemand etwas angetan, wenn sie auf der einen Seite dem Kaiser geopfert und auf der anderen Seite an ihren Herrn Jesus Christus geglaubt hätten. Aber das kann die Gemeinde Jesu nicht. Sie kann gewissermaßen nicht auf zwei Schultern Wasser tragen. Das Schreckliche des alten Bundesvolkes war es, daß es Gott und heidnische Götter zugleich anbetete. »Wie lange hinket ihr auf beiden Seiten?« (1. Kön 18,21). Der Kompromiß, die Religionsvermischung war unmöglich. Die Gemeinde Jesu braucht im Kampf der Geister auch heute das Bekenntnis.

## 1. Wie sich der Herr dieser Gemeinde in Pergamon vorstellt (V. 12)

»Das sagt, der da hat das scharfe, zweischneidige Schwert...« Wie schon in der Einleitung erwähnt wurde, war Pergamon der Sitz des Kaiserkultes. Das bedeutete natürlich, daß in dieser Stadt auch der Sitz des römischen Statthalters war. Dieser Statthalter war der Vertreter des Kaisers. Sein Auftrag war es, in der Provinz im Namen des Kaisers zu regieren und die Amtsgeschäfte auszuüben. Der Statthalter in Pergamon hatte das *ius gladii,* das »Schwertrecht«. Es gab zwar auch Statthalter, die dieses Schwertrecht nicht besaßen; doch der Statthalter in Pergamon war Inhaber der kaiserlichen Befugnis des Schwertrechtes. Er konnte Todesurteile aussprechen, unterzeichnen und vollstrecken lassen.

Die Christengemeinde in Pergamon ist eine Schar, über der das Schwert hängt: das Schwert des römischen Statthalters. Trotzdem sind die Christen nicht bereit, das Bekenntnis zum Kaiser abzulegen, das auch von ihnen gefordert wurde.

Jetzt tritt der erhöhte Herr vor diese Gemeinde und sagte: »Ja, bei euch, dort in Pergamon, ist der Statthalter mit dem *ius gladii*, der das Schwert in seinen Händen hält, das über Tod und Leben entscheidet. Aber ich bin euer Herr, der auf eurer Seite steht, der das scharfe, zweischneidige Schwert in seinen Händen hält.«

Man kann dieses Wort auch anders, in dem Sinne auslegen, daß man das Schwert als Bild für das Wort Gottes auffaßt – wie etwa in Epheser 6 und an anderen Stellen. Jesus Christus ist derjenige, der mit seinem Wort, das »schärfer ist als jedes zweischneidige Schwert«

(Hebr 4,12), sein Richteramt ausübt – das Richteramt über die Welt und zugleich über die Gemeinde, wenn sie mit der Sünde paktiert und keine klaren Scheidungslinien zieht. Jesus kommt nicht nur als Richter über die Welt, sondern er kann auch als Richter über seine Gemeinde kommen.

## 2. Wie der Herr die Lage der Gemeinde umschreibt (V. 13)

An dieser Stelle muß einmal auf die Worte »ich weiß« bzw. »ich kenne« eingegangen werden. Einerseits sind diese beiden Worte zum Erschrecken, andrerseits sind sie sehr tröstlich. »Ich weiß, wie es um dich steht und wie es in dir aussieht. Ich weiß um den verborgenen Schaden. Ich kenne die letzten Triebkräfte deines Glaubens und Lebens. Ich weiß um deine heimlichen Sünden. Ich kenne die verborgene Schuld. Ich weiß um dein innerstes Versagen. Vor den Menschen stehst du wie eine ›Siegfried‹-Natur, aber wenn ich dich ansehe, so bist du ein armes Geschöpf. Ich kenne deine Lebensmitte und dein Herz mit all seinen Abgründen« – so sagt der Herr.

Man muß aber bei den Worten »ich weiß«/»ich kenne« mithören, was von der Allwissenheit Gottes in Psalm 139 ausgesagt ist: »Ich sitze oder stehe auf, so weißt du es; du verstehst meine Gedanken von ferne. Ich gehe oder liege, so bist du um mich und siehst alle meine Wege. Denn siehe, es ist kein Wort auf meiner Zunge, das du, Herr, nicht schon wüßtest« (V. 2-4). Jesus weiß mehr von mir, als ich selbst von mir weiß. Er weiß, daß ich ihm gehören möchte – mit allem Sein und Wollen. Jesus weiß es, und er geht an den schweren Belastungen nicht einfach vorüber.

»Ich weiß, wo du wohnst.« Dieser Ausdruck heißt (wörtlich übersetzt): »Ich weiß, wo immer du deine Bleibe hast, wo du nicht einfach davonlaufen kannst.« Christus will von seiner Gemeinde keine Weltflucht, sondern Weltbewährung. Im griechischen Text steht ein Wort, das soviel heißt wie: »Hier bist du immer daheim. Hier mußt du sein und dich bewähren. Ich weiß, wo du wohnst.«

Dem wird gegenübergestellt: »...wo der Satan wohnt.« In der Stadt Pergamon war eine besondere Machtzusammenballung des Teufels, eine Zentrale der Hölle, welche in verschiedenen Richtungen wirkte.

So sind bis heute die Orte, an denen wir leben, nicht alle gleich. Die Situationen, in denen wir uns befinden, sind nicht alle einheitlich. So hat es z.B. ein junger Mann, der zum Glauben an Jesus Christus gekommen ist und der in einem völlig atheistischen Elternhaus wohnt, viel schwerer als ein anderer junger Mann, der jeden Abend in ein gläubiges Elternhaus heimkehren darf. Oder ein gläubiges Mädchen etwa hat in einer gottlosen Umgebung schwerer zu arbeiten als in einer christlichen Umgebung. Eine Gemeinde Jesu, die in einer Stadt oder in einem Dorf wohnt, wo es spiritistische Zirkel gibt, hat es viel schwerer als eine Gemeinde an einem Ort, an dem solches nicht vorhanden ist. Die Situation unserer christlichen Kreise in Stadt und Land ist sehr unterschiedlich.

Jesus sagt: »Ich weiß, wo du wohnst.« Der Herr Jesus schert nicht alles über einen Kamm. Er sieht jede besondere Kampfsituation und weiß, wo seine Schar oft lebt: in Machtkonzentrationen der Hölle.

In den sieben Sendschreiben finden wir Gemeinden, die lange nicht in einer solch gefährlichen Umgebung wohnen wie die Jünger Jesu in Pergamon. Die Gemeinde in Laodizea etwa wird äußerlich völlig in Ruhe gelassen und weiß nicht um solche Konzentrierung der Macht der Hölle an ihrem Ort. – Jesus weiß ganz genau, wo du wohnst! –

Die Verfolgung ist über die Gemeinde in Pergamon bereits hereingebrochen (V. 13). Ein Mann namens Antipas hat bereits sein Leben um Jesu willen lassen müssen. Wir wissen nicht genau, ob dieser Märtyrer der Vorsteher der Gemeinde oder ein schlichtes Gemeindeglied war. Dieser Mann mußte sein Bekenntnis zu Jesus mit dem Tode bezahlen. Die Christengemeinde hat erlebt, daß das Christsein mit Risiken verbunden ist. Nachfolge Jesu ist keine billige Sache.

»...Antipas, mein treuer Zeuge...«: Es sei hier auch darauf hingewiesen, daß Jesus für den Blutzeugen denselben Ausdruck benützt, den er in Offenbarung 1 auf sich selbst anwendet: »der treue Zeuge«. An dieser Stelle erkennen wir, daß der erhöhte Herr kein größeres Lob über einen seiner Leute aussprechen kann!

Die Gemeinde in Pergamon »hält« in der schwierigen Lage »an meinem Namen fest«, lobt der Herr. Die Entscheidung fällt am Namen Jesu. Wenn die Gemeinde in Pergamon allgemein von Gott geredet hätte, so hätte ihr niemand etwas zuleide getan. Religiös waren die Menschen in Pergamon – wie sie es auch heute oft sind. Von Gott allgemein reden auch Mohammedaner, Buddhisten und Vertreter vieler anderer Religionen. Wenn aber die Gemeinde Jesu spricht: »In keinem andern ist das Heil, auch ist kein andrer Name unter dem Himmel den Menschen gegeben, durch den wir sollen selig werden« (Apg 4,12), dann wird es gefährlich. In dem Augenblick, in dem die Gemeinde sagt, daß es nur *einen* Weg zum Himmel gibt, der ausschließlich über Jesus führt, dann erfolgen die unheimlichen teuflischen Angriffe. Die Christen in Pergamon haben an dem Christuszeugnis treu festgehalten, an dem Namen über alle Namen: Jesus.

Auch in der heutigen Zeit wird man, wenn man die biblische Wahrheit bezeugt, von der falschen Kirche angegriffen. An der einen Frage entscheidet sich alles: Wer ist Jesus? In 2 000 Jahren ist diese Frage nicht zur Ruhe gekommen! Die Frage trieb damals im ersten Jahrhundert die Christen um. Sie gaben die eindeutige Antwort: »Herr ist Jesus!« An dieser Stelle müssen alle Jünger Jesu felsenfest bleiben, denn am Jesusbekenntnis steht oder fällt die Christengemeinde.

Die Gemeinde in Pergamon war äußerlich eine arme Gemeinde, genauso wie die Gemeinde in Smyrna. Doch sie hielt den Namen über alle Namen, den Namen »Jesus«, fest, so, wie sich Ertrinkende am Rettungsring festhalten. Und somit durfte sie zugleich erfahren: Wer diesen Namen anruft, der soll errettet werden.

Das zweite, das der Herr an dieser Gemeinde lobt, ist, daß sie in der Zeit der Gefährdung nicht verleugnet hat. »...und hast den Glauben an mich nicht verleugnet, auch nicht in den Tagen«, als es gefährlich wurde. »Verleugnen« heißt (in Worten der Bibel ausgedrückt): »Ich kenne diesen Menschen nicht!« (vgl. Mt 26,72.74; Mk 14,71). Im Sturm des Lebens legten die Christen ihr Zeugnis ab, und dazu bekannte sich der Herr.

### 3. Der Tadel des Herrn (V. 14-17)

Bei Vers 14 ist darauf hinzuweisen, daß der Herr Jesus hier eine bestimmte Formulierung verwendet: »Einiges (d.h. ein kleines) habe ich gegen dich...« Der Ausdruck »ein kleines« (wörtlich »einiges wenige«) muß besonders betrachtet werden. In den Augen Jesu ist es keine weltbewegende Sache. Aber hier wird dennoch sehr deutlich, daß Jesus seinen Finger auf die kleinen Dinge legt, die nicht in Ordnung sind. Es sind die kleinen Füchse, die den Weinberg verderben. Oft entstehen aus kleinen Ursachen große Wirkungen.

Auch in unseren Gemeinden müssen wir auf die kleinen Unebenheiten achten, auf die kleinen Weichenstellungen nach links wie nach rechts. Es ging damals darum, daß durch eine kleine Gruppe die Gewissen gelähmt und vernebelt wurden. Es ging darum, daß der Feind die Christen in Pergamon von zwei Seiten angriff und die Gemeinde gewissermaßen in die Zange nahm. Der Teufel griff zum einen durch die römische Staatsmacht und durch die Synagogengemeinde an. Zum andern kam der Angriff des Feindes aus der eigenen Mitte der Gemeinde.

Eines kann man daran leicht erkennen: Dem Feind Gottes geht es darum, die Gemeinde Jesu lahmzulegen, innerlich und äußerlich zu vernichten. Es gilt aufzupassen, wo der Feind Möglichkeiten sucht, die Arbeit des Herrn zu zerstören. Sehr leicht kann dies z.B. dann entstehen, wenn zwei leitende Brüder miteinander Streit bekommen und die Hand der Versöhnung und Vergebung nicht mehr gereicht wird. Luther drückt die List des Feindes so aus: »Groß Macht und viel List sein grausam Rüstung ist, auf Erd ist nicht seinsgleichen.«

Wenn der Herr sagt: »Du hast Leute dort, die sich an die Lehre Bileams halten«, und wenn er in Vers 15 von den Nikolaïten spricht, dann weist uns der Name »Bileam« zunächst zurück in das Alte Testament. Bileam war einer, der das Volk Gottes zur Sünde verführte. In unserem Text heißt es: »...Götzenopfer zu essen und Hurerei zu treiben...« Gott will nicht, daß sein Volk faule Kompromisse schließt. In Pergamon sah das so aus, daß die Christen zu den heidnischen Opferfesten eingeladen wurden. Es gab sicherlich in der Stadt Christen, die geschäftlich mit Heiden zu tun hatten. Diese wurden zu heidnischen Festlichkeiten eingeladen. Wohl wurde von manchen argumentiert: »Man muß doch nicht so streng Trennungslinien ziehen!«

Einige Christen ließen sich dann einladen und aßen Götzenopferfleisch. Diese Götzenopferfeste waren oft in den heidnischen Tempeln, und dort galten keine sittlichen Maßstäbe. Die Heiden wußten nicht, was es heißt, den Leib unbefleckt zu halten. Der Apostel Paulus hat im Neuen Testament sehr deutlich und verständlich beschrieben, was die Sünde gegen das sechste Gebot ist. Hurerei und Unzucht war für die Heiden nichts Schlechtes. Die Ausschweifungen im sexuellen Bereich waren bei den Heiden an der Tagesordnung.

Die Quellenschriften, die wir heute aus der griechisch-römischen Welt besitzen, weisen den schrecklichen Sittenverfall jener Zeit aus.

In dieser Lage, die von sittlicher Verwilderung und Schmutz gekennzeichnet war, mußte sich die Christengemeinde bewähren. Viele, die nun Christen geworden waren, kamen aus diesem Milieu, und die größte Gefahr, die ihnen drohte, war der Rückfall in den »Sumpf« des Heidentums.

Man kann das Wort »Hurerei« auch anders auslegen. Der Name »Bileam«, der in Vers 14 erwähnt wird, weist uns in das 4. Mose-Buch. Dort wird berichtet, daß Bileam das Volk Gottes zum Abfall führen will. Abfall von Gott im alttestamentlichen Sinn ist auch »Hurerei«.

So kann man die Lage der Christen in Pergamon auch beschreiben: Die Grenzen zur Welt waren nicht mehr klar erkennbar, sondern verwischt.

Das Programm der Bileamiten wurde theologisch durch die Nikolaïten untermauert. Wer der Nikolaus war, von dem sich die Nikolaïten ableiteten, wissen wir nicht mit Sicherheit. Viele Ausleger meinten, daß Nikolaus, der die Sekte begründete, einer von den sieben Diakonen gewesen sei. Das ist allerdings geschichtlich nicht klar und eindeutig nachweisbar. Die Gestalt dieses Nikolaus verliert sich für uns später im geschichtlichen Dunkel. Bis heute gibt es keine Irrlehre, die von Sektenführern nicht theologisch untermauert wird. So war es auch damals schon. (Zur Lehre der Nikolaïten vgl. die Ausführungen zum Sendschreiben an die Gemeinde in Ephesus, Abschnitt 3.)

Der Einfluß der Nikolaïten in der Gemeinde von Pergamon hatte eine Verweltlichung dieser Gemeinde zur Folge. Freilich, wo sich die Gemeinde der Welt anpaßt, verliert sie ihre Salz- und Lichtkraft. »Die Gemeinde Jesu gehört in die Welt, aber die Welt gehört nicht in die Gemeinde Jesu.«

In dieser Situation ruft der Herr zu Buße und Umkehr (V. 16). Aber »Buße zu tun« heißt nicht nur »umzudenken« oder vom falschen Weg »abzukehren«, sondern bedeutet, mit der unzüchtigen Angelegenheit fertig zu werden. »Wenn ihr aber selber nicht damit fertig werdet, so will ich über diesen Teil der Irrlichter kommen und das Gericht über sie halten«, spricht der Herr (vgl. V. 16b). Jesus ruft der Gemeinde zu: »Werdet mit dem Ungöttlichen in eurer Mitte fertig!«

Am Schluß dieses Sendschreibens steht das Überwinderwort, das aus drei Teilen besteht (V. 17).

a) »Wer überwindet, dem will ich geben von dem verborgenen Manna«, spricht der Herr. Das Wort »Manna« weist uns wiederum in das Alte Testament zurück, wo im 2. Buch Mose von der Wüstenwanderung des Volkes Israel geschrieben steht. Das Volk Israel bekommt das Manna, das Brot Gottes vom Himmel, auf daß es nicht auf dem Wege umkomme.

Von 2. Mose wird durch den Herrn Jesus ein großer Bogen zu Johannes 6 geschlagen, wo der Herr sagt: »Ich bin das Brot des Lebens. Eure Väter haben in der Wüste das Manna gegessen und sind gestorben« (V. 48 f.). Wenn nun in Offenbarung 2,17 von dem »verborgenen Manna« die Rede ist, so meint dies das Gottesbrot als Gegenstück zur bitteren Speise der Sünde. »Ich will euch von der Gottesspeise geben, womit Hunger und Sehnsucht gestillt sein werden.«

b) »Wer überwindet, dem will ich geben ... einen weißen Stein«, spricht der Herr. Dieser »weiße Stein« läßt verschiedene Deutungen zu. Eine Deutung, die mir am meisten zusagt, ist diese: Wenn beim damaligen Gericht ein Urteil gefällt wurde, so hat der Richter aus einem verdeckten Körbchen einen Stein gezogen. Zog er einen weißen Stein, so bedeutete das den Freispruch. Zog er hingegen einen schwarzen Stein, so bedeutete das die Verurteilung.

Der »weiße Stein« im Sendschreiben an die Gemeinde in Pergamon könnte soviel bedeuten wie: »Wer überwindet, der wird ewigen Freispruch erhalten!«

c) »Auf dem Stein ist ein neuer Name geschrieben, den niemand kennt als der, der ihn empfängt«, spricht der Herr. Dies ist wohl am schwersten auszulegen, weil darüber ein tiefes Geheimnis liegt. Dieses Geheimnis drückt der Herr Jesus selbst aus, wenn er von dem »neuen Namen« spricht, »den niemand kennt als der, der ihn empfängt«.

Des öfteren hat man schon von Schwärmern gehört, daß sie in einer Vision durch einen Engel solch einen »neuen Namen« bekommen hätten. Wie anmaßend sind doch solche Einbildungen! Unser Text sagt, daß den »neuen Namen« der Jünger Jesu ganz allein kennt, der ihn empfängt, und daß er ihn nicht an die »große Glocke« hängt. Dieser Name ist vor den anderen Menschen verborgen.

Selig sind, die zum Abendmahl des Lammes berufen sind und die ewig bei Jesus daheim sein dürfen!

# Das Sendschreiben an die Gemeinde zu Thyatira

*»Und dem Engel der Gemeinde in Thyatira schreibe: Das sagt der Sohn Gottes, der Augen hat wie Feuerflammen, und seine Füße sind wie Golderz: Ich kenne deine Werke und deine Liebe und deinen Glauben und deinen Dienst und deine Geduld und weiß, daß du je länger je mehr tust. Aber ich habe gegen dich, daß du Isebel duldest, diese Frau, die sagt, sie sei eine Prophetin, und lehrt und verführt meine Knechte, Hurerei zu treiben und Götzenopfer zu essen. Und ich habe ihr Zeit gegeben, Buße zu tun, und sie will sich nicht bekehren von ihrer Hurerei. Siehe, ich werfe sie aufs Bett, und die mit ihr die Ehe gebrochen haben in große Trübsal, wenn sie sich nicht bekehren von ihren Werken, und ihre Kinder will ich mit dem Tode schlagen. Und alle Gemeinden sollen erkennen, daß ich es bin, der die Nieren und Herzen erforscht, und ich werde geben einem jeden von euch nach euren Werken. Euch aber sage ich, den andern in Thyatira, die solche Lehre nicht haben und nicht erkannt haben die Tiefen des Satans, wie sie sagen: Ich will nicht noch eine Last auf euch werfen; doch was ihr habt, das haltet fest, bis ich komme. Und wer überwindet und hält meine Werke bis ans Ende, dem will ich Macht geben über die Heiden, und er soll sie weiden mit eisernem Stabe, und wie die Gefäße eines Töpfers soll er sie zerschmeißen, wie auch ich Macht empfangen habe von meinem Vater; und ich will ihm geben den Morgenstern. Wer Ohren hat, der höre, was der Geist den Gemeinden sagt!« (Offb 2,18-29)*

Thyatira war die Stadt der Handwerker. Die Arbeiter dieser Stadt schlossen sich in Handwerkszünften zusammen. In Thyatira blühte besonders das Geschäft der Weber und Färber.

Aus Apostelgeschichte 16,14 wissen wir, daß Thyatira die Heimatstadt der Purpurkrämerin Lydia war. Als der Apostel Paulus am Fluß Gangas in Philippi das Evangelium verkündigte, »tat der Herr« der Lydia »das Herz auf«; sie wurde an Jesus gläubig.

Thyatira war mit Philippi sehr eng verbunden, und daher gab es gute kulturelle und wirtschaftliche Beziehungen zwischen diesen beiden Städten. Trotzdem war Thyatira die unbedeutendste unter den sieben Städten Kleinasiens, an die die Sendschreiben gerichtet sind. Dort waren keine besonderen Stätten für Kaiserkult und Götterverehrung. An diesem Ort drohte den Christen keine Verfolgung und Bedrängnis. Jeder Jünger Jesu konnte dort in Frieden und Freiheit seines Glaubens leben.

Wir Christen in der Bundesrepublik Deutschland gleichen heute sehr den Gemeinden zu Thyatira, Sardes und Laodizea. Wir leben ohne äußere Bedrohung. Unser Gemeindeleben können wir in Freiheit entfalten. Vielleicht gab es in der Geschichte Deutschlands noch nie eine so lange und friedliche Zeit für das Wirken und Ausbreiten des Evangeliums wie in den vergangenen 40 Jahren. Wir können öffentlich auf Straßen und Plätzen missionieren, ohne verfolgt und angegriffen zu werden.

Wenn die Christengemeinde in Frieden und Freiheit unter keiner Bedrängnis lebt, so gibt es trotzdem sehr große Gefahren! Ich möchte sogar behaupten, daß die Gefahren dann viel größer sind als die, die auf die Gemeinden in der Trübsal lauern. Wenn es den Christen gut geht, dann kommen sie leicht auf abwegige Gedanken. Es wäre zu fragen, ob wir auf solche Irrwege der Theologie gekommen wären, wenn wir äußerlich unter dem Druck der Verfolgung gestanden hätten. Wenn es den Menschen zu gut geht, fängt mancher an, mit dem Wort Gottes zu spielen. Gott bewahre uns, daß wir leichtfertig mit dem Worte Gottes umgehen und auf Irrwege geraten!

Thyatira war durch den Schwarmgeist gefährdet, der in der Gemeinde selbst aufbrach. Es wird uns berichtet, daß die Stadt im zweiten Jahrhundert der Hauptsitz der schwärmerischen Bewegung der Montanisten war.

Wir müssen immer wieder an das Wort erinnert werden: »Euer Widersacher, der Teufel, geht umher wie ein brüllender Löwe und sucht, wen er verschlinge« (1. Petr 5,8). Das Neue Testament gebraucht für Satan nicht nur das Bild vom beutehungrigen Raubtier, sondern auch das Bild vom Schaf, das inwendig wie ein reißender Wolf ist. Es verwendet für Satan Bilder der Verstellung – bis hin zum »Engel des Lichts« (2. Kor 11,14).

## 1. Jesus sieht alles (V. 18 f.)

Es hat etwas Unheimliches, Drohendes an sich, wie sich der Herr seiner Gemeinde in Thyatira vorstellt. Dreierlei sei hierbei hervorgehoben:

a) Jesus stellt sich vor mit dem Wort: »Das sagt der Sohn Gottes...« Jesus stellt sich hier vor als der völlig andere, der einzigartige Sohn Gottes. Er macht sich bekannt als der, der ganz auf die Seite Gottes gehört.

Man könnte den Ausdruck »Sohn Gottes« so auslegen: Jesus steht als Anwalt Gottes vor den Menschen und ist zugleich der Anwalt der Menschen vor Gott. Wenn man dies erkennt, fällt einem sofort das Wort des Paulus ein: »Es ist *ein* Gott und *ein* Mittler zwischen Gott und den Menschen, nämlich der Mensch Christus Jesus« (1. Tim 2,5). Jesus ist der Mittler zwischen Zeit und Ewigkeit, der große Versöhner. Jesus ist der Sohn, der von Gott kommt, der Präexistente. Er kennt Gott allein und ist zugleich derjenige, der Gott bezeugt und vertritt. In Jesus ist der Vater selbst gegenwärtig: »Ich und der Vater sind eins« (Joh 10,30). »Wer mich sieht, der sieht den Vater!« (Joh 14,9).

b) Jesus ist der Sohn, »der Augen hat wie Feuerflammen«. Der Ausdruck »wie Feuerflammen« kann so erklärt werden: Er, der Sohn Gottes, sieht durch und durch! Nichts kann ihn blenden, weder Fassaden noch Gewänder. Seine Augen blicken durch – viel tiefer, als uns Röntgenstrahlen durchleuchten können. Jesus weiß alles!

Diese Aussage kann aber auch soviel bedeuten wie: Seine Augen sind barmherzige Augen! Die barmherzigen Heilandsaugen haben viele von uns überwunden. Diese barmherzigen Augen haben den Petrus in der Nacht des Verrats zur Reue geführt. Diese Augen Jesu sind die Heilandsaugen einer unbegrenzten Liebe.

Aber auf der anderen Seite sind die Augen Jesu heilige und feurige Augen. Die heiligen Jesusaugen sind entbrannt und entflammt gegen die Sünde. Jesu Augen sehen die Sünde und dulden sie unter keinen Umständen. Jesus liebt und sucht die Sünder, aber er haßt die Sünde!

c) Jesus ist der Sohn, dessen »Füße sind wie Golderz«. Das bedeutet die Macht und Stärke des Auferstandenen. Jesus kann mit seiner Gewalt alles zertreten. Niemand kann seiner Kraft und Stärke widerstehen.

Was ist das Lob, das der Herr seiner Gemeinde gibt? »Ich kenne deine Werke.« Dem Herrn geht es in den Sendschreiben immer darum, daß er betont, daß er um die Werke der Gemeinde weiß.

Als evangelische Christen sind wir oft etwas mißtrauisch gegen »die Werke«, und zwar deshalb, weil wir uns vor der Werkgerechtigkeit fürchten. Johann Albrecht Bengel (1687-1752) sagte einmal von den Werken: »Die Werke gehen den Christen nicht voraus, um ihnen die Himmelstür zu öffnen, sondern die Werke folgen ihnen nach.« Es geht im Christenleben auch um Werke – aber um Werke, die aus Dank und Liebe für die Erlösung, die durch Christus geschehen ist, getan werden! Es geht nicht um eine Gerechtigkeit aufgrund von Werken, sondern um Werke der Dankbarkeit.

Wir dürfen unter keinen Umständen etwa Paulus und Jakobus gegeneinander ausspielen. Paulus betont den Glauben, der die für unsere Errettung vollbrachte Erlösungstat Jesu ergreift. »Da wir nun gerecht geworden sind durch den Glauben, haben wir Frieden mit Gott durch unsern Herrn Jesus Christus« (Röm 5,1). Jakobus betont den Glauben, der sichtbar wird durch die Werke. »So ist auch der Glaube, wenn er nicht Werke hat, tot in sich selber« (Jak 2,17). Der Christ, der durch den Glauben allein gerettet wird, tut Werke der Liebe. Ein Glaube, der nicht zur Tat wird, hat keinen Wert und ist kein gerechtfertigter und geheiligter Glaube. Wir können gute und böse Werke tun! Durch unsere Werke greifen wir in das Leben anderer Menschen ein – zum Segen auf der einen Seite oder zur Verführung auf der anderen Seite.

»Ich kenne deine Werke und deine Liebe...« Die Liebe hat ihre Auswirkung immer im Liebesdienst. »Ich kenne ... deinen Dienst und deine Geduld.« Der Glaube wirkt sich immer aus in Standfestigkeit und Ausdauer.

Das Besondere, das Jesus an der Gemeinde in Thyatira zu rühmen hat, ist, daß die Gemeinde im inneren Wachstum steht. In der Christengemeinde zu Thyatira gab es keinen Stillstand oder Rückgang, sondern Wachstum: »Ich weiß, daß du je länger je mehr tust« (V. 19b).

Denken wir an die Arbeit, in der wir stehen. In welcher Situation befinden wir uns? Befinden wir uns im geistlichen Stillstand, im Rückschritt oder unter der Triebkraft des Heiligen Geistes? Wie sieht es in unserem persönlichen Leben aus? Werden wir müde im Kampf des Glaubens? Brennen wir in der Liebe und Ausreifung für den Dienst des Herrn?

Der Apostel Paulus stellt einmal fest, daß die Gemeinde von Korinth nicht viele Väter habe (1. Kor 4,15). Ist es nicht die Not mancher Gemeinde und Gemeinschaft heute, daß die geistlichen Väter und Mütter in Christus fehlen? Eberhard von Rothkirch, der Begründer des Christlichen Vereins Junger Männer, hat gesagt: »Ich habe ein enges Gewissen gegen mich selbst, aber ein weites Herz gegenüber allen, die draußen sind.« Er war ein geistlicher Vater.

## 2. »Aber ich habe gegen dich...« (V. 20)

In Vers 20 steht das große »Aber« des Herrn. Dieses »Aber ich habe gegen dich« begegnet uns schon in 2,4. Im Sendschreiben an die Gemeinde in Thyatira treffen wir wieder darauf. Wenn der Herr Jesus etwas »gegen« uns hat, ist das schlimm und bedeutet den Tod.

Isebel, die Frau, um die es hier geht, ist ja gewissermaßen ein Programm. Wenn der Herr Jesus »Isebel, diese Frau«, erwähnt, dann wußten die Hörer und Leser der damaligen Zeit sofort, was er damit meinte. Es ist der Rückblick auf die im Alten Testament erwähnte gottlose Königin Isebel (1. Kön 16.18.19.21; 2. Kön 9). Diese heidnische Frau stammte aus Sidon. Ahab, der König von Juda, heiratete diese Heidin. Das war die erste große Sünde dieses israelitischen Königs. Seine zweite Sünde, die hervorgehoben werden muß, war, daß er Isebel im Grunde genommen die Regierungsmacht einräumte. Wenn man das Leben dieses Königs Ahab betrachtet, muß man feststellen: Er war ein labiler Politiker. So bekam seine Frau Isebel das Heft in die Hand und stürzte Israel ins Unglück. Es ist schlimm, wenn ein Mann ein Diktator in seiner Familie ist. Aber es ist noch viel schlimmer, wenn sich eine Frau als Diktatorin entpuppt!

Aus meiner seelsorgerlichen Erfahrung weiß ich, wie schrecklich es ist, wenn eine Frau ihren Mann dadurch unterdrückt, daß sie hysterische Anfälle bekommt, wenn der Mann nicht sofort auf sie hört. Eine Fehlheirat eines Verantwortlichen im Reiche Gottes kann ihn um die Vollmacht und Segensgeschichte seines Lebens bringen. So war die Heirat des Königs Ahab von Juda eine Fehlheirat, eine Tat des Ungehorsams.

Eine weitere Sünde Isebels war es, daß sie, als sie nach Juda kam, ihre fremden Götter mitbrachte und auf den Höhen Judas ihre heidnischen Heiligtümer errichten ließ. Sie schleuste eine große Schar von Götzenpriestern ins Land und verführte das Volk zum Götzenopfer und Götzendienst. Dadurch sündigten die Israeliten gegen das erste Gebot.

Es gibt keine größere Sünde als die gegen das erste Gebot. Sie ist von jeher die Ursünde des Menschen. Martin Luther sagte einmal: »Die eigentliche Sünde ist, daß wir Gott nicht Gott sein lassen« – anders ausgedrückt: daß wir die Gottheit Gottes angreifen. Die Ursünde des Menschen besteht darin, daß er so tut, als sei Gott nicht da! Der Hauptangriff gegen das erste Gebot heute ist es, daß die Herrschaft des Allmächtigen mit heutigen Göttern geteilt wird! Aus dieser Ursünde gegen das erste Gebot erwachsen ja alle Sünden.

So war diese Isebel eine herrschsüchtige, dämonische Frau. Jeder, der die Heilige Schrift kennt, weiß, wie sie mit heißem Haß die Propheten des Herrn – insbesondere Elia – verfolgte.

Wenn der Herr gegenüber der Gemeinde in Thyatira sagt: »Aber ich habe gegen dich, daß du Isebel duldest, diese Frau, die sagt, sie sei eine Prophetin, und lehrt und verführt meine Knechte« (V. 20), dann ist für die Christengemeinde in Thyatira höchste Gefahr im Anzug. Wenn diese Frau sagt, daß sie eine Prophetin sei, dann bedeutet dies für die Christen, daß größte Bedrohung besteht.

Zunächst aber ist darauf hinzuweisen, daß es in der Bibel nichts Besonderes ist, wenn eine Frau eine prophetische Gabe hat. Im Alten Testament begegnet uns diese prophetische Gabe bei Mirjam (2. Mose 15,20), Debora (Ri 4,4) und bei Hulda (2. Kön 22,14). Und auch im Neuen Testament finden wir diese prophetische Gabe bei Hanna (Lk 2,36), bei den vier Töchtern des Philippus (Apg 21,9) und in dem Hinweis auf die prophetisch redenden Frauen in der Gemeinde (1. Kor 14,34). Die Frau als prophetisch Redende ist in der Bibel keine Seltenheit.

Wer diese Isebel in Thyatira in Wirklichkeit gewesen ist, können wir nicht mit Bestimmtheit sagen. War es die Frau des Vorstehers? Jedenfalls hatte diese Frau einen großen Einfluß auf Teile der Gemeinde. Sie sagte von sich, daß sie eine Prophetin sei, und verpflichtete Glieder der Gemeinde auf das, was sie sagte. Viele Glieder in der Gemeinde hörten auf ihre Prophezeiungen.

Wenn Menschen auftraten mit der Begründung, daß sie eine prophetische Gabe hätten, dann beanspruchten sie, dazu ermächtigt zu sein. Eine Frau, die sich als Prophetin ausgab, trat mit dem Anspruch auf, Botschaften, Weisungen und Offenbarungen vom Herrn empfangen zu haben.

Auch heute lebt die Gemeinde Jesu im Kampf gegen zwei Strömungen. Auf der einen Seite macht sich der Zeitgeist breit – in Gestalt der »modernistischen Theologie«. Und auf der anderen Seite steht der Schwarmgeist, der in mancherlei Formen in Erscheinung tritt und in die Gemeinde einbrechen will.

Wir haben im Unterschied zur Gemeinde in Thyatira einen bedeutenden Vorteil, weil wir das ganze Neue Testament besitzen dürfen, die Bibel Alten und Neuen Testaments, die Gott uns durch seinen Heiligen Geist gegeben hat. Die Männer Gottes haben geschrieben, getrieben durch den Heiligen Geist. Das war immer die Stellung des Gnadauer Verbandes: Wir nehmen die Bibel, wie sie uns der Herr gegeben hat, und sehen hinter der Heiligen Schrift den lebendigen Gott selbst. Weil das so ist, können wir Gemeinschaftsleute nicht »kritisch« mit der Bibel umgehen. Deshalb werden wir die Heilige Schrift nie so ansehen, als wäre sie ein religionsgeschichtliches Buch unter anderen Geschichtsbüchern. Wir haben die Bibel immer als das Buch der Bücher, als das Buch des lebendigen Gottes geehrt.

Unsere Väter haben uns gelehrt, daß der Schwarmgeist immer etwas Berauschendes an sich hat. Der Schwarmgeist macht unbelehrbar! Er ersetzt die Nüchternheit gegenüber dem Wort Gottes durch Trunkenheit! Es gehört zum ABC der biblisch-reformatorischen Theologie, daß man Wort und Geist nicht auseinanderreißen darf. Trennt man Wort vom Geist, so wird das Wort ein toter Buchstabe und zu einer verholzten Orthodoxie. Trennt man den Geist vom Wort, so landen wir in einer uferlosen Schwärmerei. Das war die Frontenstellung der Reformatoren gegen die Schwärmerei der damaligen Zeit, gegen diejenigen, die vom »inneren Licht« sprachen, die »Geist! Geist!« riefen und die den Geist vom Wort schieden. Martin Luther meinte, daß durch das Wort, das der Heilige Geist lebendig macht und aufschließt, das Evangelium komme, »die lebendige Stimme des Evangeliums«. Durch das Aufschließen des Wortes durch den Heiligen Geist erfahren wir, was für unsere Seligkeit nötig ist. Auch heute muß sich alles am ganzen Zeugnis der Heiligen Schrift messen und prüfen lassen, was an Prophetischem propagiert wird. Hermann Bezzel hat einmal im Blick auf den Schwarmgeist gesagt: »Das Übergeistliche geht oft ins Fleischliche über.«

Man muß auch darauf achthaben, was in der Gemeinde durch Irrlehrer alles angerichtet wird. Wie wirken sich die Aktivitäten solcher Leute auf die Gemeinde aus? Entsteht in der Gemeinde durch solche angeblich »begabten« Leute Spaltung, oder wird die Gemeinde durch ihr Zeugnis zusammengeführt? Wenn der Heilige Geist am Werk ist, kommt es nicht zur Spaltung!

Ein zweiter wichtiger Gesichtspunkt sei herausgehoben. Kommt es durch den »Geist« in der Gemeinde zu einem unbiblischen Klassendenken? Zu einem Klassendenken, das die Gläubigen in »nur« Wiedergeborene und in Geistgetaufte einteilt? Das in solche einteilt, die hinsichtlich des Glaubens Anfänger, Fortgeschrittene und Vollendete sind? Das geschah auch in der Gnosis zur Zeit der frühen Christenheit. Es war ja alles in der Kirchengeschichte schon einmal da.

Auf der anderen Seite ist klar, daß es besondere Dienstausrüstung für die Arbeiter im Reiche Gottes geben kann und gibt. Jeder Reichsgottesarbeiter wird beten: »Herr, erfülle mich ganz mit deinem Heiligen Geist! Schenke mir zu allen Aufgaben die erforderliche Ausrüstung!« Allerdings dürfen wir nie versuchen, eine Geistesgabe zu erzwingen, und so beten: »Herr, gib mir diese Gabe, weil ich sie gerne hätte!« Unser Grundsatz soll sein: »Herr, gib mir *die* Gaben, die du mir geben willst!«

In der Gemeinde Jesu sind Söhne und Töchter, Väter und Mütter. Es gibt in der Gemeinde eine innere Ordnung. Ein junger Mensch, der soeben seine Bekehrung erlebt hat, hat nicht mehr und nicht weniger als der andere empfangen, der jahrzehntelang in der Nachfolge Jesu steht. Wir sind in der gleichen Weise Kinder des himmlischen Vaters. Nur hat derjenige, der schon länger Christ ist, ein größeres Stück Verantwortung zu tragen, weil er schon länger auf dem Weg der Nachfolge des Herrn ist.

In der Gemeinde Jesu geht es immer um die rechte Lehre und um das rechte Leben. In der Gemeinde von Thyatira werden durch diese Frau Isebel das rechte Leben wie auch die rechte Lehre durcheinandergeworfen. Diese Frau, die sich eine »Prophetin« nannte, gab vor, einen Blick in die Tiefen Satans zu haben (V. 24). Sie lehrte darum, daß die Zeit des Gesetzes vorüber sei und man die Fleischestriebe dadurch überwinden könne, daß man sie völlig auslebe. So herrschte in ihren Kreisen ein schrecklicher Zustand.

Diese Isebel von Thyatira versuchte die Christengemeinde zu beherrschen. Sie konnte sich nicht mehr ein- und unterordnen. Wer sich allerdings in der Gemeinde nicht mehr ein- und unterordnen kann, wird zur schlimmen Gefahr! Deshalb enden unnüchterne Bewegungen oft auch in der wirklichen Hurerei.

Als Jesu Nachfolger brauchen wir die Korrektur, Ergänzung und Tröstung durch die Brüder. Jede Gabe, die Gott uns schenkt, muß sich ein- und unterordnen lassen zum Segen der ganzen Gemeinde.

### 3. Der Ruf zur Buße (V. 21-29)

Der Herr sagt: »Und ich habe ihr Zeit gegeben, Buße zu tun, und sie will sich nicht bekehren von ihrer Hurerei.«

Von Alexander d. Gr. wird erzählt: Wenn er eine Stadt belagerte, dann zündete er nacheinander drei Kerzen an. Solange die Kerzen brannten, konnte die Stadt Gnade erhoffen, wenn sie sich ergab. War allerdings die letzte Kerze abgebrannt, dann gab es keine Schonung mehr.- So brennen vielleicht über unserem Leben drei solcher Kerzen. Vielleicht ist die dritte bereits angesteckt. Der Herr Jesus sagt: »Wenn doch auch du erkenntest zu dieser Zeit, was zum Frieden dient!« (Lk 19,42).

Der Herr gab diesem Kreis der Verführten in Thyatira Zeit zur Buße – aber sie taten nicht Buße! Deshalb kündigt er das Gericht an! Wenn Jesus sagt, er »werfe sie (Isebel) aufs Bett« (V. 22), so meint er damit wohl das Siechbett. Der Herr straft sie, womit sie gesündigt hat. Ihre Mittäter werden durch große Trübsal bestraft. Der Fluch der Sünde besteht darin, daß man den Leib ruiniert. Paulus schreibt dagegen, daß unser Leib »ein Tempel des Heiligen Geistes ist« (1. Kor 6,19).

Bei den Heiden in Thyatira kam man in Zünften zu sogenannten Gemeinschaftsmahlen zusammen. Diese Feste wurden sehr oft in heidnischen Tempeln gefeiert. Man aß Götzenopferfleisch. Diese heidnischen Feste arteten dann zumeist schrecklich aus – zu Trinkgelagen und bis hin zu sexuellen Ausschweifungen. Für Geschäftsleute, die Christen waren, war es nicht einfach, solchen Festen fernzubleiben. Wer sich von der Zunft fernhielt, wer nicht Mitglied wurde, war wirtschaftlich ruiniert. Daher war nun dies die entscheidende Frage: Was sollen die christlichen Geschäftsleute tun? Sollten sie, die Christen, sich den Zünften anschließen – mit allen Konsequenzen, die das mit sich brachte – oder nicht?

Wir wissen, daß ein Teil der Geschäftsleute an den Götzenopferfesten teilnahm. Sie ließen sich zur Sünde verführen, weil das Weib Isebel von Thyatira dazu aufrief. Nun müssen sie auch die Konsequenzen tragen, die der Herr ankündigt: »...und ich werde geben einem jeden von euch nach euren Werken« (V. 23). Sogar die Kinder müssen unter den schweren Sünden ihrer Eltern noch lange leiden, wenn sie nicht Buße tun (V. 23a). Der Herr aber gab Zeit zur Buße!

Gott hat – auf der einen Seite – den Unbußfertigen, Unzüchtigen in Thyatira das Gericht angekündigt und – auf der anderen Seite – den Treuen der Gemeinde verheißen: »Euch aber sage ich, den andern in Thyatira, die solche Lehre nicht haben und nicht erkannt haben die Tiefen des Satans, wie sie sagen: Ich will nicht noch eine Last auf euch werfen; doch was ihr habt, das haltet fest, bis ich komme« (V. 24 f.). Das ist eine wichtige Ermahnung für die Christen aller Zeiten. Wenn wir nicht treu sind im Wachen und Beten, so geht es auch in unserem geistlichen Leben rückwärts.

Es ist hier wichtig: »...doch was ihr habt, das haltet fest, bis ich komme.« Es ist für uns ein großer Segen, wenn wir uns täglich auf das Kommen Jesu vorbereiten. Dies heißt: Alle, die Jesus und das Heil in ihm festhalten, sind Überwinder. Überwinder sind echte Nachfolger Jesu.

Ich denke in diesem Zusammenhang an einen alten Arbeiter, der fast sein ganzes Leben lang in derselben Fabrik gearbeitet hat. Unter seinen Arbeitskameraden war er als lebendiger Christ bekannt. Man wußte, daß er zur Bibelstunde geht, Gemeinschaftsmann ist und selbst Bibelstunden hält. Manches Mal mußte er sich deswegen höhnische Bemerkungen gefallen lassen. Wenn aber einer seiner Arbeitskameraden in einer schwierigen Lage oder in großer Not war, so ging er nicht zu seinen Saufbrüdern – denn er wußte, daß diese im selben Dreck steckten wie er selbst und ihm nicht helfen konnten –, sondern zu diesem gläubigen Christen. Als dieser Zeuge Jesu einige Jahre nach seiner Pensionierung starb, kamen auch alle seine früheren Arbeitskameraden zu Beerdigung. Am Grab wurden allerlei Nachrufe gehalten. Es wurde erzählt, einer dieser Nachrufe sei für jeden, der das hörte, unvergeßlich geblieben. Ein ehemaliger Kollege sei an das offene Grab getreten und habe gesagt: »Der da war echt!« Dieser verstorbene Christ trug den gleichen blauen Kittel des Arbeiters wie die anderen, aber seine Kollegen spürten: Dieser Mann war echt! Ein ganzer Jünger Jesu! Ein Überwinder! Er machte keine frommen Worte und trieb sich nicht mit den anderen in allen möglichen Lasterhöhlen herum, sondern er wußte, was Christsein heißt. Er wollte sein innigstes Leben mit Jesus nicht aufs Spiel setzen. So ging er in der Nachfolge Jesu treu seinen Weg. Solches blieb in seiner Umgebung nicht unbekannt, wie das der frühere Kollege im Namen aller Arbeiter am offenen Grab bezeugte.

Den Überwindern verheißt der Herr Macht über die Heiden (V. 26). Die Überwinder, die in dieser Welt oft verachtet und verspottet werden, werden mit Christus, dem Haupt der Gemeinde, das Gericht durchführen, das Gericht über die gottfeindliche Welt, die Jesus Christus ablehnt.

»...und er soll sie weiden mit eisernem Stabe, und wie die Gefäße eines Töpfers soll er sie zerschmeißen...« Wie ernst klingt dieses Wort! Wie muß uns dies in die Fürbitte für die ganze Menschheit treiben! »Es wird gepredigt werden dies Evangelium vom Reich in der ganzen Welt zum Zeugnis für alle Völker, und dann wird das Ende kommen« (Mt 24,14).

Der kleinen Herde, den Jüngern Jesu, gibt der Herr den »Morgenstern«, d.h. das Licht des Heiligen Geistes, die Zeichen der Zeit zu verstehen, bis der Tag anbrechen wird. »Wer Ohren hat, der höre, was der Geist den Gemeinden sagt!«

# Das Sendschreiben an die Gemeinde zu Sardes

*»Und dem Engel der Gemeinde in Sardes schreibe: Das sagt, der die sieben Geister Gottes hat und die sieben Sterne: Ich kenne deine Werke: Du hast den Namen, daß du lebst, und bist tot. Werde wach und stärke das andre, das sterben will, denn ich habe deine Werke nicht als vollkommen befunden vor meinem Gott. So denke nun daran, wie du empfangen und gehört hast, und halte es fest und tue Buße! Wenn du aber nicht wachen wirst, werde ich kommen wie ein Dieb, und du wirst nicht wissen, zu welcher Stunde ich über dich kommen werde. Aber du hast einige in Sardes, die ihre Kleider nicht besudelt haben; die werden mit mir einhergehen in weißen Kleidern, denn sie sind's wert. Wer überwindet, der soll mit weißen Kleidern angetan werden, und ich werde seinen Namen nicht austilgen aus dem Buch des Lebens, und ich will seinen Namen bekennen vor meinem Vater und vor seinen Engeln. Wer Ohren hat, der höre, was der Geist den Gemeinden sagt!« (Offb 3,1-6)*

Die Stadt Sardes hatte eine große geschichtliche Vergangenheit. Aus ihr ging der berühmte König Krösus hervor, der wegen seines Reichtums bekannt wurde. Bis heute sagt man sprichwörtlich: »Du lebst wie ein Krösus.« Es wird berichtet, daß die Bevölkerung von Sardes nach außen zwar liebenswürdig, aber in jeder Beziehung verweichlicht war. Diese Situation in der wohlhabenden Stadt färbte dann auf die Christen ab.

Die gläubig geworden waren, lebten in heidnischer Umgebung. Zuerst waren sie eine kleine Minderheit. Erst nachdem Konstantin 324 n.Chr. das Christentum zur Staatsreligion gemacht hatte, wurde das Christentum staatlich anerkannt.

Die treuen Jünger Jesu mußten sich in Sardes bewähren und behaupten. Die Umwelt versuchte immer ihren Einfluß auf die Christen auszuüben. So entstand eine Kampfsituation. Die echten Christen versuchten immer ihre Umwelt zu missionieren, die Botschaft des Evangeliums allen Menschen weiterzusagen und die Heiden für Jesus zu gewinnen.

Auf der anderen Seite versuchte das Heidentum und die religiöse Umwelt ihren Einfluß auf die Christengemeinde auszuüben. So entstand Spannung, Kampf und Zerreißprobe unter den Christen. Jesus hat allerdings seine Gemeinde aus dieser spannungsgeladenen Lage nie entlassen. Denn er weiß, wo seine Gemeinde lebt – und er schenkt zu allen Aufgaben seine Kraft und sein Nahesein.

Zur Zeit der ersten christlichen Gemeinden hatte Sardes eine christliche Persönlichkeit: Melito (gest. 190 n.Chr.). Er war ein bedeutender Verteidiger des Christentums. Von Melito haben wir den schönen Satz: »Das Neue Testament ist verborgen im Alten Testament, und das Alte Testament ist geoffenbart im Neuen Testament.«

Die Christengemeinde lebte im äußeren wie auch im inneren Frieden. Wer Christ war, wurde nicht verfolgt. Und es gab wohl in der Gemeinde keine Irrlehrer, aber diese Christengemeinde hat sich dem Sog ihrer Umwelt und dem Einfluß der irdischen Geister nicht entzogen. So sind die Christen – wie Hermann Bezzel es ausdrückt – auf das Niveau des Gewohnheitschristentums geraten. »Sie haben den Ruhm des Lebens und sind tot. Alles ist in schönster Ordnung, aber es fehlt der Schwung, die Wahrheit. Es besteht geistliches Leben, aber ohne Wahrheit.« Eine degenerierte Christengemeinde lebt in einer degenerierten reichen Stadt.

Ich möchte die Situation der damaligen Gemeinde auf unsere heutige Lage beziehen. Schon im Jahre 1918, nach dem Ersten Weltkrieg also, hat ein führender Kirchenmann in Deutschland den Satz geprägt: »Deutschland ist Missionsland geworden.« Diese Persönlichkeit wollte deutlich zum Ausdruck bringen, daß das sogenannte »Christliche« in unserem Volk der Sitte nach noch da war, aber im Kern verlorenging. Sitte und Tradition im echten Sinn können natürlich einen echten Wall gegen alles Antichristliche bilden. Aber Sitte und Tradition können auch zur toten Fassade werden. Es wird etwas Christliches weitergeführt – aber ohne Leben. Es ist dann alles wie ein Gefäß ohne Inhalt.

Wenn jener Mann meinte, Deutschland sei zum Missionsland geworden, so wollte er damit sagen: Über Deutschland liegt noch so etwas wie eine christliche Fassade, doch der überwiegende Teil der Menschen in unserem Land sind Heiden. Mit anderen Worten: Die Menschen glauben vielleicht an irgendeinen Gott, sie gehen vielleicht auch zur Kirche, aber sie ziehen aus dem, was sie sein wollen oder was sie vorgeben, dem Namen nach zu sein, keinerlei Konsequenzen. Sie glauben an Gott und leben wie die Heiden! Der Gottesglaube hat im Grunde für ihr Leben keinen Belang. Gott bedeutet für sie ein religiöses Beiwerk ihres Lebens, aber er ist nicht die Mitte, das Wichtigste. Gott soll für die Aufrechterhaltung der Moral der anderen herhalten.

Auch heute gilt in diesem Sinn: »Deutschland ist Missionsland geworden!« In unserem Land sind die Gläubigen eine geringe Schar gegenüber der heidnischen Mehrheit. Der größte Teil unseres Volkes lebt heidnisch. Wir leben als Christen heute in einer Welt, in der wir ständig unter dem Einfluß von geistigen und ideologischen Mächten stehen. Geistes- und Geistermächte sind Kräfte. Alles, was sich in sichtbaren Kräften zusammenballt, hat seinen Ursprung im Geistigen. Dies könnte man aus der neuesten Geschichte unseres Volkes belegen. Alles, was sich an Krieg, Revolution und Haß entlädt, entspringt einer geistigen Vorgeschichte. Darum dürfen wir Christen die Geistesmächte, die Geistermächte nie unterschätzen, die Geister, die ihr Unwesen treiben und den einzelnen Menschen verwirren wollen. Die Jünger Jesu sollen durch ein Gewohnheitschristentum eingewickelt und eingeschläfert werden.

Von solch einer verweichlichten Gemeinde wie der von Sardes kann keine echte Kraft ausgehen. Der Herr sagt von dieser Gemeinde: »...denn ich habe deine Werke nicht als vollkommen befunden...« Diese »Werke« sind unzureichend. Die Gemeinde hat ihre Vollmacht verloren. Von der Christengemeinde gehen keine Sieges- und Geisteskräfte mehr aus.

Sehen nicht viele unserer Gemeinden ebenfalls so aus? Haben viele Gotteskinder sich nicht vom Zeitgeist einschläfern lassen? Hier wird erschreckend deutlich, wie wenig auch oft sogenannte reife Christen in biblischen Linien denken. Bei manchen gläubigen Christen tritt deutlich zum Vorschein, wie in ganz bestimmten Fragen der Zeitgeist sein Werk an ihnen getrieben hat und bei ihnen eingebrochen ist.

Ich möchte dies an einem Beispiel deutlich machen. Es gibt Christen, die sagen: »Was in unserer Gemeinde vor sich geht und gelehrt wird, ist uns gleich. Es ist uns auch egal, wie jeder einzelne lebt und handelt. Die Hauptsache ist, daß die Leute noch kommen und daß wir zusammenhalten. Man muß nicht in allen Dingen einer Meinung sein, muß nicht überfromm und in der Verhaltensweise konform sein.«

Unser Zeitgeschehen ist durch ein starkes Toleranzdenken geprägt – etwa nach dem Satz Friedrichs d. Gr.: »Jeder kann und soll nach seiner Façon selig werden.« Das Motto lautet: »Wenn jeder etwas anständig lebt und glücklich ist, dann ist ja alles gut!« Ich halte als Zeuge Jesu sehr viel von der echten Toleranz. Ich bin z.B. mit Voltaire in einem Punkt einig. Dieser Philosoph sagte einmal einem Menschen gegenüber, dessen Meinung er stark kritisierte und ablehnte: »Ich teile deine Meinung nicht! Ich bekämpfe mit meinen geistigen Waffen deine Meinung, weil ich sie für absolut falsch halte. Aber ich werde überall dafür eintreten, daß du deine Meinung offen vertreten kannst.«

Doch das Toleranzdenken unserer Zeit läßt jeden, der in die Gemeinde eingedrungen ist, tun und lassen, was er will. Wir wagen es oft nicht mehr, klare, biblische Linien und Maßstäbe aufzuzeigen, zu sagen, wo der Weg zum Himmelreich entlanggeht und daß man weder zur Rechten noch zur Linken davon abweichen kann. Dieses Toleranzdenken ist gefährlich, weil wir manches Mal geneigt sind, nachweislich falsche Lehren unter uns zu dulden. Damit meine ich nicht, daß es nicht in verschiedenen Fragen unterschiedliche Erkenntnisse geben könne. Als Christen müssen wir uns gegenseitig tragen. Wir können nicht mit Gewalt unsere Erkenntnis durchsetzen, etwa in der Frage, ob die Entrückung der Gemeinde vor oder nach der Trübsal geschehe. Das ist eine Erkenntnisfrage, in der man verschiedener Meinung sein kann.

Aber es gibt Grundfragen des christlichen Glaubens, die keine Erkenntnisfragen sind. Dazu gehört etwa die Christusfrage. Sie ist in der Bibel eindeutig geklärt. Darum kann es nicht geduldet werden, wenn ein Prediger sagt, Jesus sei nur Mensch gewesen. Darum kann ein Pfarrer in einer Gemeinde nicht akzeptiert werden, der lehrt, daß Christus nicht leibhaftig auferstanden sei. Die Gemeindezucht muß zuerst am Hause Gottes beginnen. Jesus duldet nicht, daß Irrlehrer ihre Verführungskünste in der Gemeinde verwirklichen. Im Gemeindeleben muß Klarheit herrschen.

In der Öffentlichkeit schien bei der Sardesgemeinde alles in bester Ordnung, doch im Inneren war sie tot. Die Gemeinde ließ sich vom Geist ihrer Zeit überrollen, wie wir uns manchmal vom Zeitgeist beeinflussen lassen. So sehr wir für Toleranz eintreten, so gefährlich wird sie, wenn in ihrem Namen in der Gemeinde alles geduldet wird.

Vor der Welt glänzte der Name der Gemeinde von Sardes. In der Umgebung erzählte man Großartiges von ihr. Aber die Augen Jesu sehen den verborgenen Schaden, den geistlichen Tod.

In Vers 1 sagt Jesus: »Das sagt, der die sieben Geister Gottes hat und die sieben Sterne...« Jesus spricht also in die geistlose, in die geistlich tote Gemeinde hinein als der, der über die Fülle des Geistes Gottes verfügt, als der, der über Engel, über Vorsteher und über die Gemeinde die Verfügungsgewalt hat. Dies wird mit den Worten »der die sieben Sterne hat« ausgedrückt. Jesus verfügt über den Geist; er kann durch den Geist auch den geistlich Toten ins Leben rufen. Der Herr Jesus kann in der geistlich erstarrten Landschaft Erweckung schenken. Er verfügt über die Fülle des Gottesgeistes, und dies bedeutet, daß Jesus durch seinen Geist unter uns neues Leben schaffen kann und will. Allerdings müssen wir auf das eingehen, was der Herr im Folgenden der Gemeinde durch einen fünffachen Imperativ zuruft.

## 1. »Werde wach!« (V. 2a)

Hinter dem, was Jesus in diesem ersten Imperativ zuruft, steckt ein doppeltes Bild: das Bild vom geistlichen Tod und vom geistlichen Schlaf. Die Gemeinde schlummert in einem geistlichen Dämmerzustand dahin.

Jesus Christus kann aus dem Tod erwecken, was wir Menschen nicht vermögen. Wir müssen vor dem Tod kapitulieren. Wir können weder geistlich noch leiblich Tote auferwecken. Für uns Menschen ist der Tod das Letzte. Für Gott ist der Tod das Vorletzte. Christus ist der Letzte, der Tod das Vorletzte.

Es ist Gottes Werk, aus dem Tod in das Leben zu rufen. Unser Herr kann und tut das – sowohl im geistlichen Bereich wie auch am Ende der Tage, in der ersten Auferstehung und in der zweiten Auferstehung. Er hat die Fülle des Geistes Gottes, und »der Geist ist's, der lebendig macht« (Joh 6,63; vgl. Röm 8,11).

»Werde wach!« Laß dich beschenken mit dem Heiligen Geist! Strecke dich nach der Kraft des Heiligen Geistes aus! Bitte um die Kraft des Geistes, damit du wieder hellwach wirst, daß du weder schwerhörig wirst noch daß deine Augen trübe sind und du dahindämmerst! Das ist das Schlimme am geistlichen Schlaf, daß man weder sehen noch hören kann. Wenn man geistlich nicht mehr sieht und hört, dann kann man auch geistlich nichts mehr beurteilen. So ist man geistlich blind und taub geworden.

## 2. »Stärke das andre, das sterben will!« (V. 2)

Mit dem, »das sterben will«, sind diejenigen gemeint, die im Glauben müde und matt geworden sind. Sie sind im Begriff, abzufallen und unter bestimmten Umständen nicht mehr glauben zu wollen und zu können. Sie stehen vor dem geistlichen Sterben.

Beides gehört zusammen: Wo man geistlich wach wird, da wird im selben Augenblick in uns Verantwortung für die anderen Glieder der Gemeinde gewirkt. Wenn wir geistlich lebendig sind, können wir nicht mit ansehen, wie Menschen neben uns geistlich sterben, vom Teufel lahmgelegt und aus der Gemeinde hinauskatapultiert werden. Durch die Weitergabe unseres Zeugnisses, mit ganzer Kraft werden wir um sie werben und ringen. Gibt es unter uns diese geistliche Einstellung, daß wir alles für junge und ältere Brüder und Schwestern wagen, die mit uns auf dem Wege sind? Kümmern wir uns um diejenigen, die ihre schweren Lasten zu tragen haben und die zum Ausdruck bringen, daß sie nicht mehr glauben können? Gibt es unter uns nicht viele Nöte? Viele belastete Brüder und Schwestern? Viele, die nicht nur äußerlich, sondern auch innerlich am Ende sind, weil sie ausgebrannt sind? Weil der Glaube praktisch durch irgendeine Lockerung im Verhältnis zu Jesus erkrankt ist? Weil sie nicht mehr in der ersten brennenden Liebe stehen?

Hebräer 12,12-17 finden wir eine Beschreibung dessen, was das heißt: »Stärke das andre, das sterben will.« Der Verfasser des Hebräerbriefes stellt uns die Gemeinde als wanderndes Gottesvolk dar. Wie Israel ein wanderndes Gottesvolk war, so ist die Christengemeinde auch unterwegs. Jetzt gibt es im wandernden Gottesvolk aber solche, die plötzlich gelähmte Knie und schlaffe Hände bekommen, denen die Luft ausgeht, die nicht mehr weiter können. Das Volk Gottes aber zieht fröhlich weiter, während die ersten abhängen. In dieser Lage ruft der Schreiber des Hebräerbriefes die Gläubigen auf, doch nicht nur an sich und an die Gesunden im Glauben zu denken.

Wir müssen uns als Wache im Glauben um diejenigen kümmern, die im Glaubenslauf abhängen. Als Jünger Jesu sollen wir diejenigen stärken, die die Freude der Gotteskindschaft verloren haben, damit sie wieder geistlich gesunden.

### 3. »Denke daran, wie du empfangen und gehört hast!« (V. 3a)

»Denke daran – erinnere dich!« Dann übersetze ich nicht »wie du empfangen und gehört hast«, sondern »wie und was du gehört und empfangen hast«. »Erinnere dich!« Wir wissen nicht, wer die Christengemeinde in Sardes gegründet hat. Aber dieser Ruf gilt auch uns: Erinnere dich an die Zeugen Gottes, die unter dir waren und die das Evangelium vom Heil und von der Erlösung in Jesus Christus vollmächtig verkündigt haben! Erinnere dich, wie das Wort Gottes bei dir Eingang fand und seine Auswirkungen hatte!

Wir wissen, daß es eine falsche Verklärung der Vergangenheit gibt. Manche Christen schauen nur in die Vergangenheit. Sie sprechen nur von damals, von der Erweckungszeit vor 50 oder 100 Jahren: »*Damals* hat der Geist Gottes gewirkt... *Damals* war alles ganz anders als heute...« Teilweise möchte ich dem zustimmen, aber zum anderen können solche Verklärungen der Vergangenheit Flucht vor der Gegenwart sein.

Es muß bezeugt werden, daß es ein echtes biblisches Erinnern gibt. Man denkt daran, was Gott sichtbar gewirkt und uns anvertraut hat. Dieses Denken an eine geistgewirkte Vergangenheit kann durch das Wirken des Heiligen Geistes neue geistliche Kräfte für uns heute freisetzen. Wollen wir treuloser als unsere Glaubensväter sein? Laßt uns auf die »Wolke von Zeugen« (Hebr 12,1) blicken!

Das war das Schöne, wenn man in das Haus von Pfarrer Wilhelm Busch in Essen kam, daß an der Wand seines Studierzimmers viele Bilder von Glaubenszeugen hingen, von bekannten wie von unbekannten Persönlichkeiten. Wie oft wurde er bei der Predigtvorbereitung durch das Anschauen solcher Gotteszeugen im Glauben gestärkt! Dieser Blick auf die Zeugen, die Väter und Mütter im Glauben, gibt Kraft in der Kampfbahn des Glaubens.

### 4. »Halte es fest!« (V. 3b)

»Was du empfangen hast, das halte fest! Das gib unter keinen Umständen preis! Halte fest, was du empfangen hast!« Das ist so entscheidend und so wichtig.

Über einer Tagung des Taschenbibelbundes stand einmal das dreifache Thema, das ich bis heute nicht vergessen habe: a) *Haltet Gottes Wort fest*, das ihr empfangen habt! Laßt euch die Bibel von niemandem madig machen! Laßt euch unter keinen Umständen für dumm erklären, wenn ihr an Gottes Wort glaubt und danach lebt! b) *Haltet Gottes Wort hoch!* Ehrt das Wort des Herrn, denn es ist der größte Schatz in dieser Welt! c) *Haltet Gottes Wort hin!* Seid zum Verteilen von Bibeln bereit! Bringt dieses größte Buch der Welt in alle Häuser!

### 5. »Tue Buße!« (V. 3c)

Die Aufforderung des erhöhten Herrn »Tue Buße« heißt: »Kehre um von deinem Weg! Laß dir von mir noch einmal entscheidend helfen, indem du zurückkehrst zu mir und dich in meine Seelsorge nehmen läßt! Wenn du diesen Weckruf zur Buße überhörst, gibt es keine Gnade. Dann kommt das Gericht. Ich komme wie ein Dieb.« Wenn Jesus sagt, er komme wie ein Dieb, so will er damit sagen, daß diejenigen, die schlafen, beim Kommen des Herrn liegen bleiben und alles verlieren werden.

Dieses Kommen des Herrn können wir auf unseren Tod oder auf die Wiederkunft Jesu deuten. In beiden Fällen bedeutet es dasselbe. Wer nicht wacht, verliert alles! Der Tod ist dann ein schreckliches Ereignis. Man verliert Haus und Hof, Rang und Stand. Paulus konnte dagegen sagen: »Christus ist mein Leben, und Sterben ist mein Gewinn« (Phil 1,21).

Der Herr fügt noch hinzu: »...und du wirst nicht wissen, zu welcher Stunde ich über dich kommen werde« (V. 3b). Damit spricht er aus, daß er plötzlich und unerwartet kommen wird. Dann ist keine Zeit mehr zur Vorbereitung. Hoffentlich befinden wir uns in Bereitschaft! Trotzdem gibt es kein noch so ernstes Wort im Neuen Testament, hinter dem nicht die Barmherzigkeit Jesu hervorleuchtet.

## 6. Der Lohn der Überwinder (V. 4-6)

Vers 4 fährt fort: »Aber du hast einige in Sardes, die ihre Kleider nicht besudelt haben.« »Besudeln« ist in der Heiligen Schrift immer ein Ausdruck für die Unzucht, und zwar für die Unzucht im buchstäblichen wie auch im religiösen Sinn. Die meisten Ausleger sind der Auffassung, daß in Sardes mit diesem »Besudeln der Kleider« auch gemeint ist, daß Glieder der Gemeinde abgefallen sind und an den heidnischen Opferfesten und Kulten teilgenommen haben. Der Abfall in heidnische Sitten beinhaltet oft auch die Unzucht im wörtlichen Sinn. Bei solchen heidnischen Lust- und Trinkgelagen ging es sittlich nicht ordentlich zu.

»Aber du hast einige in Sardes, die ihre Kleider nicht besudelt haben.« Warum bezeichnet der Herr dieses kleine Häuflein als »einige in Sardes«, die beim Sündentreiben nicht mitmachten? Das tut er offenbar deshalb, weil diese wenigen im Gegensatz zu dem Vorsteher und der großen Mehrheit derer in der Gemeinde stehen, die den Namen haben, daß sie leben und doch tot sind (vgl. 3,1). Diese wenigen Treuen in Sardes tragen mit Recht den Christusnamen. Einige Christen blieben wach! Einige blieben trotz aller Umstände geistlich am Leben.

Es war in den heidenchristlichen Gemeinden so, wie es auch heute auf den Missionsfeldern ist, daß nämlich bei der Taufe der heidnische Name abgelegt und ein neuer Name empfangen wurde. Das war ein Zeichen dafür, daß das alte Wesen abgetan ist. Die Leute in Sardes, die in den geistlichen Tod gefallen waren, trugen ihren neuen Namen nur noch zum Schein.

Einige aber waren da, die ihrem neuen Namen, dem Christusnamen, entsprachen. Sie standen trotz aller Umstände in treuer Nachfolge ihres Herrn. Diese wenigen werden für viele Untreue die größten Störenfriede gewesen sein, besonders, wenn sie ihre mahnende Stimme erhoben und sagten: »So geht es bei uns in der Gemeinde nicht mehr weiter! Ein solches Christsein hat keinen Wert!«

So war der geistliche Tod unter vielen sogenannten Christen in Sardes eingekehrt und der brennende Missionseifer erloschen. Einige waren die Störenfriede, die im Namen Jesu gewarnt und ermahnt haben, die sich mit dem Zustand der Gemeinde nicht abfinden konnten. Wie oft werden solche Mahner als Störenfriede angesehen, wenn sie ihre Stimme zum Bußruf erheben!?

Jesus bekennt sich zu den Treuen und verspricht: »...die werden mit mir einhergehen in weißen Kleidern, denn sie sind's wert« (V. 4b). In Sardes lebten Jünger Jesu, »die ihre Kleider nicht besudelt haben«, d.h. die ein echtes, wahres Christsein führten. Die »Kleider« sind in der Bibel oft ein Bild des Wandels – des Wandels, der Gott würdig und vor ihm wohlgefällig ist. Die große Mehrheit der Gemeinde zu Sardes hatte die richtigen Bekenntnisse und machte schöne Gottesdienste mit – aber der Wandel war weltgleich und von der Sünde besudelt.

Es war sicherlich nicht einfach, inmitten einer solchen Gemeinde sein »Kleid« nicht zu beflecken. Wie werden die wenigen Getreuen von der Allgemeinheit ausgelacht und als »Pharisäer« und »Überhebliche« abgetan worden sein! Aber »einige« wenige zu Sardes beweisen uns, daß es Jünger Jesu gibt, die ihre »Kleider« nicht besudeln.

Das »weiße Kleid« ist in der neutestamentlichen Bildersprache die Gerechtigkeit, die vor Gott gilt. Diese Gerechtigkeit wird uns durch den Glauben an Jesus geschenkt. »Christi Blut und Gerechtigkeit, das ist mein Schmuck und Ehrenkleid, damit kann ich vor Gott bestehn, wenn ich zum Himmel werd' eingehn.«

Dieses Wort über diejenigen, »die mit mir einhergehen werden in weißen Kleidern, denn sie sind's wert«, ist von der künftigen Herrlichkeit gesagt. Der Vers deutet darauf hin, daß einmal eine neue Erde sein wird, auf der die Erlösten mit Jesus wandeln dürfen.

Auf dem Grabstein des Philosophen Sören Kierkegaard steht der Vers:

> Noch eine kleine Zeit, so ist's gewonnen,
> so ist der ganze Streit ins Nichts zerronnen:
> Im Rosensaal darf ich ohn' Unterbrechen
> auf ewig, ewig mit Jesus sprechen.

Das »weiße Kleid« bedeutet ein Festkleid. Die weiße Toga trug aber auch ein Feldherr, wenn er als Sieger in Rom einzog. Der Herr Jesus verheißt den Überwindern das Fest- und Siegeskleid in der ewigen Seligkeit.

Es lohnt sich auf jeden Fall, den guten Kampf des Glaubens zu kämpfen und »dem Siegespreis der himmlischen Berufung« nachzujagen (Phil 3,14). »...denn sie sind's wert«, sagt der Herr. Das heißt nicht, daß sie es verdient haben, denn den Himmel kann sich kein Mensch verdienen. Das bedeutet vielmehr: Die treuen Nachfolger Jesu sind echte Glieder am Leib Christi. Sie haben nicht nur den Namen, sondern auch das echte Wesen der Nachfolge.

Auch dieses Sendschreiben schließt mit dem Überwinderwort: »Wer überwindet, der soll mit weißen Kleidern angetan werden, und ich werde seinen Namen nicht austilgen aus dem Buch des Lebens, und ich will seinen Namen bekennen vor meinem Vater und vor seinen Engeln« (V. 5). In dieser Welt war es nie leicht, ein wahrer und entschiedener Christ zu sein. Nachfolge Jesu war immer mit Feindschaft und Verfolgung verbunden. Darum gibt es kein Christsein ohne Überwindung. Das »Überwinden«, von dem der Herr hier spricht, geschieht nur so, daß wir in der Kraft Jesu siegen. Wer Tag um Tag von der Kraft Jesu schöpft, wird ein Überwinder. Das heißt, daß seine Kraft in unserer Schwachheit mächtig wird. Der Herr sagt zu Paulus: »Laß dir an meiner Gnade genügen; denn meine Kraft ist in den Schwachen mächtig« (2. Kor 12,9).

Dem Überwinder wird Herrliches verheißen. Der Herr Jesus gebraucht drei Bilder, die eigentlich alle dasselbe aussagen wollen: Die Überwinder werden im Gericht Gottes bestehen.

a) »...der soll mit weißen Kleidern angetan werden...« Das »weiße Kleid« der Überwinder ist das Festtagskleid, das Siegeskleid in der Herrlichkeit.

In Sardes war eine kleine Schar, die ihre Kleider nicht besudelt hat. Sie bekommt die große Verheißung Jesu, daß sie mit weißen Kleidern angetan wird. Das müssen wir uns merken: Wer hier in der Zeit seine Kleider nicht besudelt, dem schenkt der Herr das Sieges- oder Überwinderkleid.

b) »...ich werde seinen Namen nicht austilgen aus dem Buch des Lebens...« Das »Buch des Lebens« kommt in Offenbarung 20 noch einmal vor: bei der Schilderung des Gerichtes. »Bücher wurden aufgetan. Und ein andres Buch wurde aufgetan, welches ist das Buch des Lebens« (Offb 20,12). Das »Buch des Lebens« enthält alle Namen derer, die sich klar zu Jesus bekehrt haben und ihm in ganzer Treue nachfolgen.

Es soll unsere allergrößte Sorge sein, daß unser Name im Lebensbuch nicht fehlen möchte. Als die 70 Jünger, die der Herr ausgesandt hatte, zurückkamen und ihre Freude darüber zum Ausdruck brachten, daß ihnen die Geister untertan seien, sagt ihnen der Herr: »Darüber freut euch nicht, daß euch die Geister untertan sind. Freut euch aber, daß eure Namen im Himmel geschrieben sind« (Lk 10,20).

c) »...ich will seinen Namen bekennen vor meinem Vater und vor seinen Engeln.« Auch dieses Wort führt uns in Offenbarung 20. Dort ist in Vers 11 von einem »weißen Thron« die Rede. Vieltausendmal tausend Engel und die Heiligen Gottes sind versammelt. Dort wird mein Name aufgerufen. Dort gibt es für uns Menschen nichts zu verbergen. Dort kommt alles darauf an, daß der Herr Jesus zum Vater sagt: »Dieser ist mein Eigentum – ich kenne ihn. Für ihn ist mein Blut nicht vergeblich geflossen. Ich will seinen Namen bekennen vor meinem Vater und vor seinen Engeln.«

Ein Scheinchrist gewesen zu sein wäre dann schrecklich! Ich meine, daß es für uns das Schlimmste wäre, wenn am Jüngsten Tag die Stimme Jesu sagen würde: »Ich kenne dich nicht!«

Gott schenke es uns allen, daß wir die Stimme Jesu, den Ruf der Gnade hören und auch gehorchen!

# Das Sendschreiben an die Gemeinde zu Philadelphia

*»Und dem Engel der Gemeinde in Philadelphia schreibe: Das sagt der Heilige, der Wahrhaftige, der da hat den Schlüssel Davids, der auftut, und niemand schließt zu, der zuschließt, und niemand tut auf: Ich kenne deine Werke. Siehe, ich habe vor dir eine Tür aufgetan, und niemand kann sie zuschließen; denn du hast eine kleine Kraft und hast mein Wort bewahrt und hast meinen Namen nicht verleugnet. Siehe, ich werde schicken einige aus der Synagoge des Satans, die sagen, sie seien Juden, und sind's nicht, sondern lügen; siehe, ich will sie dazu bringen, daß sie kommen sollen und zu deinen Füßen niederfallen und erkennen, daß ich dich geliebt habe. Weil du mein Wort von der Geduld bewahrt hast, will auch ich dich bewahren vor der Stunde der Versuchung, die kommen wird über den ganzen Weltkreis, zu versuchen, die auf Erden wohnen. Siehe, ich komme bald; halte, was du hast, daß niemand deine Krone nehme! Wer überwindet, den will ich machen zum Pfeiler in dem Tempel meines Gottes, und er soll nicht mehr hinausgehen, und ich will auf ihn schreiben den Namen meines Gottes und den Namen des neuen Jerusalem, der Stadt meines Gottes, die vom Himmel herniederkommt von meinem Gott, und meinen Namen, den neuen. Wer Ohren hat, der höre, was der Geist den Gemeinden sagt!« (Offb 3,7-13)*

Die Stadt Philadelphia ist im Jahre 138 v.Chr. durch den König Attalus erbaut worden. Attalus liebte seinen Bruder Eunemes so sehr, daß er ihn *philadelphos* (»bruderliebend«) nannte. Kolonisten gaben dann dieser neugegründeten Stadt den Namen *Philadelphia*.

*Philadelphia* heißt »Bruderliebe«. Bruderliebe ist ein besonderes Geschenk. Es handelt sich um die Liebe zu allen Gläubigen – nicht nur um die Liebe zu den leiblichen Brüdern und irdischen Verwandten, sondern unter den Nachfolgern Jesu. Der Herr Jesus hat den Ausdruck »Bruderliebe« geprägt. Als man ihm sagte: »Siehe, deine Mutter und deine Brüder stehen draußen und wollen mit dir reden«, da antwortete er: »›Wer ist meine Mutter, und wer sind meine Brüder?‹

Und er streckte die Hand aus über seine Jünger und sprach: ›Siehe da, das ist meine Mutter, und das sind meine Brüder! Denn wer den Willen tut meines Vaters im Himmel, der ist mir Bruder und Schwester und Mutter‹« (Mt 12,47 ff.).

Wenn man dieses Sendschreiben des erhöhten Herrn an seine Gemeinde auf sich wirken läßt, gewinnt man den Eindruck, daß hier ein armer Haufen als christliche Gemeinde zusammenlebt. Diese Christen sind aber in herzlicher Bruderliebe und Treue untereinander verbunden.

Bei den Betrachtungen der vorangehenden Sendschreiben haben wir immer die Gefährdungen der Gemeinden in den Blick genommen. Wir haben das kritische Wort des Herrn über diese Gemeinden gehört, das er als Tadel aussprechen muß. Aber hier haben wir einen Brief an die Gemeinde in Philadelphia, der weder Kritik noch Tadel enthält. Diese Gemeinde ist nach außen hin keine prachtvolle Schar, aber sie ist dennoch eine Gemeinde, die unter der Führung Jesu steht und in herzlicher Liebe verbunden ist. Die Liebe zum Herrn schlägt sich in der Liebe zu den Brüdern und Schwestern nieder.

Ich meine, daß das Erkennungszeichen der Christen die Liebe untereinander sein soll. Das ist nach Johannes 13 das neue Gebot, das der Herr seiner Jüngerschar gibt. Es lautet: »Daran wird jedermann erkennen, daß ihr meine Jünger seid, wenn ihr Liebe untereinander habt« (V. 35). Es ist die Liebe, mit der wir geliebt sind, die Liebe, mit der wir getragen werden. Das ist die Liebe Gottes, mit der uns vergeben wird.

Diese unbegrenzte Liebe schulden wir zugleich allen Menschen. Echte Bruderschaft heißt, daß jedermann erkennt, daß wir Jünger Jesu sind, »wenn wir Liebe untereinander haben«.

Zugleich muß hervorgehoben werden, daß die Gemeinde Jesu auf Erden aus lauter fehlbaren Menschen besteht. Es sind begnadigte Sünder und noch nicht vollendete Menschen. Jeder einzelne lebt von der Vergebung des Sohnes Gottes. Keiner, der zur Gemeinde gehört, ist frei von Fehlern. Weil uns diese Feststellung völlig klar ist, deshalb gibt es auch keine fehlerfreien Gemeinden und Jugendkreise. Die Frage Jesu an uns lautet, ob wir dazu fähig sind, einander in seiner Kraft und Liebe zu tragen und zu vergeben. Nur so kann das Licht der Liebe Jesu in der kalten und finsteren Welt leuchten.

Auf einige wesentliche Punkte des Sendschreibens an die Gemeinde in Philadelphia wollen wir achten.

## 1. Wie stellt sich der Herr vor? (V. 7)

Jesus, der Erhöhte, macht über sich drei wichtige Aussagen. »Das sagt der Heilige, der Wahrhaftige, der da hat den Schlüssel Davids...«

a) »Das sagt der Heilige...« Gott ist der Heilige. Das Heiligsein des Vaters liegt auf dem Sohn. »Heilig« zu sein bedeutet ursprünglich »völlig anders« oder »verschieden« zu sein. Gott unterscheidet sich von uns Menschen in jeder Weise. Er ist der Sündlose – wir sind die Befleckten. Gott unterscheidet sich von uns im Blick auf seine Größe, Allmacht und Allwissenheit. Jesus ist nie getäuscht worden, weil er der Heilige ist.

b) »Das sagt ... der Wahrhaftige...« Das Wort »wahrhaftig« aus dem Munde Jesu bedeutet soviel wie: »Ich bin ganz echt und ganz wirklich.« Die Bibel will damit zum Ausdruck bringen, daß Jesus im Gegensatz zu allem Unwirklichen und Zweifelhaften der durch und durch Echte ist. Wenn der Herr Jesus sagt: »Ich bin der Wahrhaftige«, dann tritt er vor die Gemeinde hin als der, der nicht nur die Wahrheit sagt, sondern der die Wahrheit *ist*. Jesus Christus ist die Wahrheit in Person.

Bis heute gab es viele kluge Leute, die Wahrheiten sagten. Aber noch nie konnte ein Mensch sagen: »Ich bin die Wahrheit.« Jesus Christus ist der einzige, der sagen konnte: »Ich bin der Weg und die Wahrheit und das Leben« (Joh 14,6). Das bedeutet aus dem Munde Jesu: »Nur in mir und durch mich begegnet euch die Wirklichkeit Gottes. Niemand kommt zum Vater denn durch mich.«

c) »Das sagt ..., der da hat den Schlüssel Davids.« Diese Aussage vom »Schlüssel Davids« verweist uns ins Alte Testament zurück. In Jesaja 22,22 wird uns von einem treuen Diener des Königs Hiskia berichtet. Dieser Mann namens Eljakim hatte die Schlüsselgewalt. Er war der Hausvorstand und war berechtigt, zu entscheiden, wer zum König in den Palast gehen durfte und wer draußen bleiben mußte und abgewiesen wurde.

Wenn Jesus sagt, daß er den »Schlüssel Davids« hat, dann bedeutet das, daß er aufschließen und zuschließen kann. Wenn er aufschließt, kann niemand zuschließen. Wenn er zuschließt, kann niemand aufschließen. Er hat den einzigen Schlüssel zum Reich Gottes. Nur in Jesus liegt der wichtige Schlüssel zum lebendigen Gott selbst. Jesus ist die Tür (Joh 10,7.9). Jesus hat den Schlüssel in der Hand (Offb 3,7).

Wie dankbar dürfen wir sein, daß ihn Jesus, der Heiland, in der Hand hat und nicht irgendein Mensch! Denn mancher von uns würde dem zuschließen, der eigentlich ins Himmelreich gehört. Wir können nur sehen, was vor Augen ist, der Herr aber sieht das Herz an (vgl. 1. Sam 16,7). Unsere Augen lassen sich oft durch Vordergründiges blenden. Jesus ist der einzige, der jeden einzelnen Menschen durch und durch kennt. Spurgeon hat einmal den wichtigen Satz gesagt: »Wenn einmal alles vollendet sein wird und wir im Himmel sind, dann wird es für uns dreierlei Überraschungen geben: Die erste Überraschung, daß viele dort sind, die wir nie erwartet hätten. Die zweite Überraschung, daß viele nicht dort sein werden, die wir erwartet hätten. Und die dritte Überraschung für uns wird sein, wenn wir selbst am Ziel sein werden.«

Jesus Christus, der Herr, läßt hinein. Er allein entscheidet über drinnen und draußen. Wenn er die Tür aufschließt, kann niemand zuschließen. Wenn er die Tür zuschließt, kann niemand öffnen.

Eine Geschichte aus dem Alten Testament ist für uns an dieser Stelle wichtig. Denken wir an Noah. Dort wird uns dies verständlich illustriert. Alle lachten, als Noah die Arche baute. Es soll eine Sintflut kommen? Solch ein Narr! Aber Noah kann immer nur dasselbe sagen, daß nämlich der Herr den Bau der Arche geboten hat! Als die Arche fertig war, mußte Noah Tiere in die Arche nehmen. Auch er und seine Angehörigen mußten in das Rettungsschiff. Und dann steht in der Bibel das ernste Wort: »Und der Herr schloß hinter ihm zu« (1. Mose 7,16). Dann fing es zu regnen an. Niemand dachte an den Tod. Es hat doch schon öfters drei oder fünf Tage ununterbrochen geregnet! Aber nun stiegen die Bäche über die Ufer. Das Wasser stieg, und die Arche hob ab. Die Leute flüchteten auf die Berge. Einige schwammen auf die Arche zu und schrien (so stelle ich mir das vor): »Noah, öffne uns doch die Tür! Noah, laß uns doch in das Schiff! Wir waren die großen Narren – nicht du! Noah, sei doch barmherzig! Laß uns doch hinein!« Dann hat Noah vielleicht geantwortet: »Ich würde euch ja so gerne einlassen. Aber Gott schloß die Tür selbst zu.«

Jedem sei es bezeugt: Die Tür zur Arche des Himmelreiches ist noch offen. Jesus ist diese Tür. Er tut auf und schließt zu. Sein Kreuz ist der Eingang. Sein Blut ist der Schlüssel.

## 2. Wie umschreibt der Herr den Zustand der Gemeinde? (V. 8 f.)

a) »Ich habe vor dir eine Tür aufgetan.« Das Wort von der offenen Tür kommt im Neuen Testament mehrmals vor, besonders in den Paulusbriefen (1. Kor 16,9; 2. Kor 2,12; Kol 4,3). Jesus hat nicht nur die Schlüssel zum Himmelreich, sondern auch die zum Totenreich, denn er ist der Herr und Sieger über alle Machtbereiche der Finsternis (Offb 1,18). Jesus hat auch den Schlüssel zum Menschenherzen.

Die Gemeinde in Philadelphia hat eine offene Tür zu den Menschen, zur Missionsarbeit, zur Missionstätigkeit. Dieses Wort von der offenen Tür weist darauf hin, daß diese kleine, unscheinbare Schar eine missionierende und missionarische Gemeinde gewesen ist. Sie gab das lebendige Zeugnis ihres Herrn weiter. In Treue und Demut taten die Gemeindeglieder den ihnen aufgetragenen Dienst.

Paulus sagt einmal davon, »daß eure Arbeit nicht vergeblich ist in dem Herrn« (1. Kor 15,58). Darum sollten wir mehr beten: Herr, tue Türen auf! Herr, brich deinem Worte Bahn! Herr, lenke du die Herzen der Menschen! Herr, laß unsere Missionsarbeit nicht umsonst und vergeblich sein!

Wir können das Wort Gottes weitersagen, aber bekehren können wir niemanden. Bekehrungen schenkt Gott allein!- Ich habe als junger Christ manches Mal Menschen bekehren wollen, bin aber jäh gescheitert. »Bekehre du mich, so will ich mich bekehren« (Jer 31,18).

Wir kennen aus der Apostelgeschichte einige Geschichten von Bekehrungen aus der Zeit der frühen Christenheit. Gott schenkte offene Türen! So schenke der Herr jedem von uns eine offene Tür – eine offene Tür in der Gemeindearbeit, am Arbeitsplatz, zur Evangelisation und bei Besuchen hin und her. Überall wolle Gott seinen echten Zeugen Bahn brechen. Diese offene Tür hat die Gemeinde in Philadelphia dann auch genutzt!

b) »Denn du hast eine kleine Kraft...« Wenn wir uns das einmal überlegen, so bedeutet es: Die Gemeinde in Philadelphia hat nicht mit großen und imponierenden Dingen prahlen können. Wir wollen oft das Außergewöhnliche. Wir wollen doch so oft groß und noch größer sein! Aber die ganze Verheißung des auferstandenen Herrn liegt in der »kleinen Kraft«. 1. Korinther 1 schreibt Paulus: »Nicht viele Weise nach dem Fleisch, nicht viele Mächtige, nicht viele Angesehene sind berufen. Sondern was töricht ist vor der Welt, das hat Gott erwählt, damit er die Weisen zuschanden mache; und was schwach ist vor der Welt, das hat Gott erwählt, damit er zuschanden mache, was stark ist; und das Geringe vor der Welt und das Verachtete hat Gott erwählt, das, was nichts ist, damit er zunichte mache, was etwas ist, damit sich kein Mensch vor Gott rühme« (V. 26 ff.).

Vielleicht gab es in der Gemeinde in Philadelphia keine strahlende Jugend, die Hoffnung der Zukunft gewesen wäre, keine einflußreichen Geschäftsleute, die überall ihre Füße zwischen Tür und Angel hatten. Die Christen waren eine armselige Schar, die von sich aus nichts hatte und von sich aus nichts konnte. Sie lebte allein von der Gnade ihres Herrn und war auf diese angewiesen. Es war wohl eine Gruppe von Menschen, die erkannte, daß nur aus seiner Kraft, die »in den Schwachen mächtig« ist, fruchtbares Wirken möglich ist (vgl. 2. Kor 12,9).

Jesus schlägt seine Schlachten nicht mit starken Naturen, sondern er siegt mit denen, die von seiner Kraft, Macht und Stärke nehmen.

Was uns im Wege steht, ist nicht – wie so viele meinen – unsere Schwachheit, sondern das ist vielmehr unsere Kraft. Wir können und wissen so viel. Darum nehmen wir Gottes Gnade nicht so in Anspruch, als wenn wir weniger wüßten und könnten. Es kommt nicht auf unsere Tüchtigkeit oder Begabung an, sondern allein auf Gottes Gnade. Gottes Allmacht will uns helfen, aber sie kann nur einen Bund mit unserer Ohnmacht schließen. Sie geht nie einen Bund mit unserer fleischlichen Kraft ein. Darum konnte Paulus sagen: »Ich will mich am allerliebsten rühmen meiner Schwachheit, damit die Kraft Christi bei mir wohne..., denn wenn ich schwach bin, so bin ich stark« (1. Kor 12,9 f.).

Die beiden russischen Brüder, von deren Zeugnis ich schon erzählte (s. das Kap. über das Sendschreiben an die Gemeinde zu Smyrna, Abschnitt 1.), hatten Beeindruckendes zu sagen. Ihr Zeugnis stellte mich vor die Frage, ob ich wohl bereit wäre, diesen Leidensweg der Nachfolge Jesu zu gehen. Das Zweite, was mich noch mehr bewegte, war, daß einer der beiden sagte: »Ihr lieben Brüder und Schwestern, seht uns bitte nicht als Helden an! Als wir die schweren Wege gehen mußten, war uns klar, daß wir sie nur in der Kraft Jesu gehen können! Das ist das Zeugnis, das wir euch weitergeben: Gottes Kraft ist in den Schwachen mächtig. Jesu Kraft hat uns durchgetragen und uns geholfen.«

c) »Du ... hast mein Wort bewahrt und hast meinen Namen nicht verleugnet.« Jesus sagt, in der Situation der offenen Türen und der kleinen Kraft habe die Gemeinde in Philadelphia sein Wort festgehalten und seinen Namen nicht widerrufen.

Bei den Sendschreiben an Smyrna und an Philadelphia fällt mir besonders auf, daß sie der Herr als missionierende und leidensbereite Gemeinden lobt, die am Wort des Herrn festhalten.

So, wie ein Autofahrer in einer kurvenreichen Strecke genau weiß, daß dann, wenn er das Steuerrad losläßt, ein schlimmes Unglück passiert, so ist das Wort Gottes für die Gemeinde das Steuer, das sie festhalten muß. Nur das Wort!

In den Sendschreiben wird nicht viel von großen Gaben geredet. Es wird aber sehr deutlich vom Wort gesprochen, das die Gemeinde hat, und von dem Namen über alle Namen, den sie festhalten soll: den Namen Jesus! Dieser Name ist für die Christen die feste Burg, das unbewegliche Schloß.

Die Gemeinde in dieser Welt hat keine irdischen Waffen in ihrer Hand. Wenn sie solche in die Hand nähme, wäre sie nicht mehr in der Nachfolge ihres Herrn, sondern in der Nachfolge des Teufels. Die Gemeinde Jesu durfte in alter und in neuer Zeit keine Kreuzzüge durchführen. Diese Gemeinde hat nur *eine* Waffe: das Schwert des Geistes, das Wort Gottes. Es gilt als Jünger Jesu aufzupassen, daß dieses Schwert nicht stumpf wird, daß es uns nicht aus der Hand geschlagen wird. Wenn wir diese Waffe verlieren würden, so wären wir wehrlos dem Feind ausgeliefert. Das Wort ist's, mit dem wir uns wehren! Das Wort ist's, vor dem wir uns beugen! Das Wort ist's, das wir bezeugen! »Du ... hast mein Wort bewahrt« – das bedeutet für uns Menschen, daß wir das ganze Wort, das Gott uns gegeben hat, allezeit festhalten.

Die Gemeinde hat den Namen über alle Namen – »Jesus« – »nicht verleugnet«. Denn »in keinem andern ist das Heil, auch ist kein andrer Name unter dem Himmel den Menschen gegeben, durch den wir sollen selig werden« (Apg 4,12).

d) Jesus spricht im Blick auf die Lage der Gemeinde von der Synagoge in Philadelphia. Er bezeichnet sie an dieser Stelle – wie im Sendschreiben an Smyrna – als »Synagoge des Satans«. Aus der falschen Kirche kommen die teuflischen Angriffe gegen die Jesusgemeinde.

Die Synagoge in Philadelphia war ein Widerstandsnest und ein Bollwerk Satans, durch das die Christusgemeinde bekämpft wurde. Aber der Herr Jesus schenkt seiner Gemeinde die Verheißung, daß er aus den Feinden Glieder seiner Gemeinde macht, daß aus Feinden Brüder werden. Gott hat der Gemeinde »eine Tür aufgetan«, daß sogar Juden, die aus dem Zentrum des Widerstandes kamen, überwunden wurden. Sie kamen in die Gemeinde und fielen nieder, weil sie die Liebe Jesu erkannt haben. Es ist die Liebe, mit der Jesus seine Gemeinde trägt und die die Gemeinde mit Liebe zu ihm beantwortet. »Siehe, ich will sie dazu bringen, daß sie kommen sollen und zu deinen Füßen niederfallen und erkennen, daß ich dich geliebt habe« (V. 9b).

### 3. Die Zusage des Herrn (V. 10-13)

Jesus sagt seiner Gemeinde, daß über den Erdkreis die Stunde der Versuchung kommen werde. Aber zugleich gibt er die Zusage: »Weil du mein Wort von der Geduld bewahrt hast, will auch ich dich bewahren vor der Stunde der Versuchung, die kommen wird über den ganzen Weltkreis, zu versuchen, die auf Erden wohnen« (V. 10).

Die Gemeinde in Philadelphia nimmt das Wort vom wiederkommenden Herrn sehr ernst. Sie wartet und harrt aus, bis der Herr kommt. Es heißt: »Weil du mein Wort von der Geduld bewahrt hast, will auch ich dich bewahren vor der Stunde der Versuchung«, in der Stunde der Bewährung. Das Wort »vor« muß man hier streichen, weil es eine falsche Schlußfolgerung zuläßt. Es muß heißen: »...*in* der Stunde der Versuchung«! Das griechische Wort *ek*, das hier steht, kann man bestenfalls mit »aus« übersetzen. Das bedeutet dann, daß Jesus seine Gemeinde mitten »aus der Stunde der Versuchung« entrückt. Karl Hartenstein und andere Ausleger waren der Meinung, daß man an diesem Wort »*in* der Stunde der Versuchung« festhalten muß und daß die Gemeinde Jesu »in« die Trübsal oder durch die Trübsal gehen muß. Karl Hartenstein legt so aus: »›Ich will dich bewahren *in* der Stunde (nicht wie Luther übersetzt hat: *vor* der Stunde), in der Stunde der Anfechtung.‹ Verschont? Nein, aber verwahrt vor dem Bösen. Entrückt? Nein, aber durchgebracht.« Ich allerdings möchte es nicht so eindeutig wie Hartenstein sagen, weil eben die Übersetzung »aus der Stunde der Versuchung« auch möglich ist. Auf keinen Fall können wir jedoch mit »*vor* der Stunde der Versuchung« übersetzen.

Jesus sagt seiner Gemeinde: »Rüstet euch für die Stunde der Trübsal! Und wißt, daß, wenn ihr an meinem Wort festhaltet, wenn ihr mein Wort bewahrt, ich euch festhalte und bewahre.«

Das Buch der Offenbarung des Johannes entstand ja in den Jahren 94 – 98 n.Chr. Die Offenbarung war für die verfolgten Gemeinden der ersten Jahrhunderte das Trostbuch. Die Christenheit ist unter dem Kaiser Decius (249-251) und v.a. unter dem Kaiser Diokletian (um 300) durch schwerste Verfolgungen gegangen. Wie Adolf Hitler die »Endlösung der Judenfrage« durch Ausrottung der Juden bewerkstelligen wollte, so wollte Diokletian die »Endlösung der Christenfrage« durch die Ausrottung der Christen erreichen. Die Christen auf dieser Welt müßten ausgelöscht werden, meinte Diokletian. Die führenden Persönlichkeiten der Gemeinden verschwanden in den Bleibergwerken Sardiniens, wo sie an Vergiftungen starben. Das waren die Vergasungszellen des Altertums, wie wir auch die KZs aus moderner Zeit kennen. Frauen und Mädchen, die sich zu Jesus Christus bekannten, schleppte man in die Bordelle. Dort mußten sie sich den Männern ausliefern und wurden vergewaltigt.

Während dieser schrecklichen Zeit der Christenverfolgung sind viele Christen abgefallen. Wir wollen das nicht verheimlichen. Sie haben den Namen Jesu verleugnet. Wenn sie später wieder in die Gemeinde aufgenommen werden wollten, war dies nicht so leicht möglich. Die Abtrünnigen mußten durch eine längere Bewährungszeit gehen, bis sie wieder volle Glieder der Gemeinde werden konnten. Hier übte die Christenheit Gemeindezucht! Es wäre auch heute gut, wenn Leute, die der Gemeinde Jesu großen Schaden zugefügt haben, eine Zeitlang in die Stille gingen, statt daß sie einige Tage nach ihrem Fall sagen: »Jesus hat uns alles vergeben!«, um dann wieder den »großen Mann« oder die »große Frau« zu spielen.

»...der Versuchung, die kommen wird über den ganzen Weltkreis, zu versuchen, die auf Erden wohnen« (V. 10b). Was im Dritten Reich den Juden widerfahren ist, das wird den Gläubigen blühen. KZs, in denen Christen verschwanden und verschwinden – in Ost und West! Es gibt keine Grausamkeit, zu der der von Gott gelöste Mensch nicht fähig wäre.

Ich weise in diesem Zusammenhang auf Offenbarung 13 hin, wo von dem »Tier« aus dem Abgrund und seinem Propheten die Rede ist. Bis heute hat es viele antichristliche Vorläufer auf dieser Welt gegeben. Ich denke z.B. an Antiochus Epiphanes, Nero, Domitian, Decius, Diokletian oder Hitler. In der »Stunde der Versuchung« mußte mancher Zeuge Gottes sein Zeugnis mit dem Märtyrertod bezahlen. Was der Gemeinde Jesu – besonders in den ersten drei Jahrhunderten – an schrecklichen Verfolgungen widerfahren ist, war furchtbar.

Unter der Überschrift »Märtyrer in Alexandria« erzählt F. Hauss in seinem Buch »Väter der Christenheit«: »Potamiäna starb im Jahre 202 für Christus. Sie blühte in Schönheit des Leibes und der Seele. Der grausame Richter ließ sie am ganzen Körper foltern und drohte, sie der Willkür der Gladiatoren auszuliefern. Schließlich verurteilte er sie zum Tode. Basilides, ein Feldwebel, führte sie hin. Er wehrte der frechen Zudringlichkeit des Volkes und erwies ihr Erbarmen. Potamiäna tröstete ihn. Sie gehe jetzt zu ihrem Herrn und werde sich ihn erbitten, daß er auch selig werde. Dann ging sie tapfer in den Tod. Ihr Körper wurde von den Fußspitzen bis zum Scheitel langsam in siedendes Pech hinabgelassen.

Basilides bekannte sich kurz darauf als Christ. Im Gefängnis erzählte er Brüdern in dem Herrn, die ihn besuchten, Potamiäna sei ihm in der Nacht nach ihrem Zeugentod erschienen, habe ihm einen Kranz aufs Haupt gedrückt und ihm gesagt, sie habe sich ihn von dem Herrn erbeten. Darauf tauften ihn die Brüder. Am Tage darauf wurde er nach herrlichem Bekenntnis enthauptet.«

Wenn wir von der »Stunde der Versuchung« und Bewährung sprechen und von den antichristlichen Mächten, die weltweit regieren und ihr Haupt erheben, so müssen wir auch auf die Gefahr des Abfalls hinweisen. Wir denken an die Gräber der Gestrandeten, an die Gräber derer, die nicht bis zum Ziel durchgehalten haben.

Das »Wort von der Geduld« ist das Wort: »Wer aber durchhält, bis an das Ende beharrt, der wird selig werden« (Mt 10,22; 24,13; Mk 13,13). »Ich will dich bewahren in der Stunde der Versuchung« – das heißt nicht, daß die Christen in der Trübsal nicht den Märtyrertod sterben müßten. Diese Trübsal wird nicht nur – wie damals bei Nero oder Diokletian – einen Kontinent überziehen, sondern über den ganzen Erdkreis kommen.

Die Gemeinde hat in der Stunde der Bewährung die große Verheißung: »Wenn ihr in die Verfolgung müßt, werde ich euch bewahren, daß ihr mich nicht verleugnet.« Jesus verheißt seiner Gemeinde nicht, daß sie sich um die Stunde der Bewährung drücken könnte. In der »Stunde der Versuchung« wird es riskant, Christ zu sein! Es ist die Stunde, in der unser billiges, verbürgerlichtes, bequemes Christsein aufhört und in der nur echtes Christsein standhält. Dann werden auch die Treuen der letzten Zeit zittern. Die Trübsal, das Kreuz-Tragen in der Nachfolge Jesu, das Leiden-Müssen um Jesu willen ist kein Kinderspiel. Auch Christen spüren die Schmerzen und gehen durch Anfechtungen. Die »Stunde der Versuchung« ist die Stunde Satans, in der er geschäftig ist. Die Verheißung, daß der Gemeinde all das erspart würde, hat Jesus nicht gegeben. Das Leiden unserer Brüder in der weiten Welt ist für uns ein Vorzeichen. Jesus wird uns bewahren!

Ein alter römischer Christ hat in der Verfolgung gebetet: »Ich halte mich, denn ich werde gehalten.« Das ist die Zusage des Herrn, daß er seine Gemeinde in keiner Stunde alleinlassen wird, sondern daß er sie begleiten wird. Er wird über seine Gemeinde die Hand halten. Wir dürfen uns in diesen Stunden wie Ertrinkende an ihm festhalten. Er wird uns durchbringen.

Wir wollen nicht auf unseren Glauben bauen, sondern mit der Treue Jesu rechnen. Unser Glaube kann wanken, aber seine Hand, die uns festhält, ist stark und treu.

Einer meiner Glaubensväter zitierte oft den Satz von Jellinghaus: »Man kann auf dem Felsen stehen und zittern, aber der Felsen zittert nicht!« Der Felsen ist Jesus allein und sein teuer wertes Wort. Darum wollen wir uns mit unserem Leben in Jesus, seinem Wort und seiner Gnade verankern. Mein Heil liegt nicht in mir, sondern in den Wunden Jesu Christi. Mein Heil liegt im Kreuz, in Jesus allein!

»Siehe, ich komme bald«, sagt Jesus (V. 11). Das Wort, das Luther mit »bald« übersetzte, kann auch anders übersetzt werden. »Siehe, ich komme rechtzeitig!« Das heißt: »Ich komme nicht zu spät! Du brauchst nicht zu denken, daß ich diese Stunde verpasse, denn ich komme nie zu spät.« »Bald« kann auch bedeuten: »Ich komme schnell, plötzlich – wie ein Dieb in der Nacht.« Darum »halte, was du hast, daß niemand deine Krone nehme«! Wir haben die Siegeskrone noch nicht auf unserem Haupt. Den Siegeskranz haben wir noch nicht fest in Besitz. Nach dem Zeugnis des Neuen Testaments ist uns der Siegeskranz im Himmel aufbewahrt (1. Petr 5,4). Er ist uns noch nicht aufgesetzt. Jesus will damit sagen: »Paß auf, daß du ihn nicht noch verlierst!« Oder um es mit den Worten des Apostels Paulus zu sagen: »Wenn jemand auch kämpft, wird er doch nicht gekrönt, er kämpfe denn recht« (2. Tim 2,5).

So ist dieser Hinweis auf die Krone, die uns im Himmel aufgehoben und am Ziel einmal aufgesetzt wird, eine Mahnung. Kämpfe den rechten Glaubenskampf! Halte fest, was Jesus uns geschenkt hat: die Krone, die Gott denen verheißen hat, die ihn lieben! Manchem ist die Krone geraubt worden. Ich denke an Demas: Er gewann die Welt wieder lieb (2. Tim 4,10). So wollen wir mit Ernst bedenken, was dazu gehört, unsere Krone zu bewahren. Wir müssen uns allein mit Jesus verbinden; er bewahrt uns die Krone des Lebens.

Am Ende des Sendschreibens steht das Überwinderwort: »Wer überwindet...« (V. 12). Keiner kann von sich aus überwinden. Wir überwinden nur in der Kraft Jesu. Er hat am Kreuz für uns gesiegt. So dürfen wir uns auf den Boden seines Sieges stellen. Ich möchte die Frage, wie man ein Überwinder wird, so beantworten: Nur durch Gott Überwundene werden Überwinder.

Solch ein Überwinder war der Apostel Paulus. Das zeigt sein ganzes Leben nach seiner Bekehrung. Was mußte er alles um Christi willen durchmachen: »Trübsal«, »Angst«, »Verfolgung«, »Hunger«, »Blöße«, »Gefahr« und »Schwert« (Röm 8,35)! »Aber«, so kann er sagen, »in dem allen überwinden wir weit durch den, der uns geliebt hat« (Röm 8,37) – durch Jesus! Jesus war seine Kraft und sein Leben. Nur durch Jesus überwinden wir weit!

So dürfen wir »Pfeiler in dem Tempel meines Gottes« werden. Dies ist ein Wort der Verheißung. Wenn wir »Pfeiler« im Hause Gottes werden sollen, dann müssen wir das Tragen lernen. Das können wir nur dadurch, daß Gott uns zu tragen gibt.

Mancher Mensch sagt, er habe keine Tragkraft. So sprach einst auch Jeremia: »Ich tauge nicht zu predigen« (Jer 1,6). Was antwortete darauf der Herr? »Ich will dich heute zur festen Stadt, zur eisernen Säule, zur ehernen Mauer machen...« (Jer 1,18). Und welch eine Säule ist dieser Mann geworden! Das hat der Herr fertiggebracht.

Sind wir in der Gemeinde »Pfeiler«, die Lasten tragen, oder sind wir belastende Querbalken, die getragen werden müssen?

»...und ich will auf ihn schreiben den Namen meines Gottes und den Namen des neuen Jerusalem, der Stadt meines Gottes, die vom Himmel herniederkommt von meinem Gott...« Wie der Hohepriester im Alten Bund auf seinem Diadem den Namen Gottes trug, so werden wir in der Ewigkeit den Namen Gottes tragen. Der »Name des neuen Jerusalem«, den wir tragen werden, wird das Zeichen sein, daß wir Bürgerrecht im Himmel haben. Die Überwinder, die Treuen der letzten Zeit dürfen mit Christus regieren.

Der Herr fügt noch hinzu: »...und meinen Namen, den neuen.« Hier, in dieser Welt, tragen wir schon seinen Namen, aber am Ziel tragen wir seinen »neuen Namen«. Am Ziel, in der Herrlichkeit, werden wir schauen, was wir hier geglaubt haben. In der Ewigkeit werden wir ihm, Jesus, gleich sein, denn wir werden ihn sehen, wie er ist. »Wer Ohren hat, der höre, was der Geist den Gemeinden sagt!«

# Das Sendschreiben an die Gemeinde zu Laodizea

*»Und dem Engel der Gemeinde in Laodizea schreibe: Das sagt, der Amen heißt, der treue und wahrhaftige Zeuge, der Anfang der Schöpfung Gottes: Ich kenne deine Werke, daß du weder kalt noch warm bist. Ach, daß du kalt oder warm wärest! Weil du aber lau bist und weder warm noch kalt, werde ich dich ausspeien aus meinem Munde. Du sprichst: Ich bin reich und habe genug und brauche nichts! und weißt nicht, daß du elend und jämmerlich bist, arm, blind und bloß. Ich rate dir, daß du Gold von mir kaufst, das im Feuer geläutert ist, damit du reich werdest, und weiße Kleider, damit du sie anziehst und die Schande deiner Blöße nicht offenbar werde, und Augensalbe, deine Augen zu salben, damit du sehen mögest. Welche ich lieb habe, die weise ich zurecht und züchtige ich. So sei nun eifrig und tue Buße! Siehe, ich stehe vor der Tür und klopfe an. Wenn jemand meine Stimme hören wird und die Tür auftun, zu dem werde ich hineingehen und das Abendmahl mit ihm halten und er mit mir. Wer überwindet, dem will ich geben, mit mir auf meinem Thron zu sitzen, wie auch ich überwunden habe und mich gesetzt habe mit meinem Vater auf seinen Thron. Wer Ohren hat, der höre, was der Geist den Gemeinden sagt!« (Offb 3,14-22)*

Die Gemeinde von Laodizea kann vor dem Urteil des erhöhten Herrn nicht bestehen. Nach außen hin ist zwar alles in bester Ordnung. Aber die Liebe zu Jesus ist nicht mehr vorhanden. Man kann durch sichtbare Aktionen viel in Betrieb setzen, aber dennoch fehlt das Leben aus Gott. In der Gemeinde zu Laodizea ist der geistliche Tod eingekehrt. Viele legen sich zur Ruhe und folgen nicht mehr Jesus nach. Aber die Gemeinde hört den Weckruf des Herrn: »Werde wach! Siehe, ich stehe vor der Tür und klopfe an« (vgl. V. 20a).

Zum besseren Verständnis des Sendschreibens an Laodizea gebe ich einige wichtige Hinweise. Laodizea lag in Kleinasien an einem wichtigen Verkehrsknotenpunkt. Durch diese Stadt führte die bedeutende Handelsstraße, die von Ephesus an der Küste des Meeres in die

Provinz Syrien hinüberführte und die sich durch die ganze Provinz Asien erstreckte. Durch dreierlei war Laodizea bekannt geworden:

a) In dieser Stadt spielte das Bank- und Geldwesen eine große Rolle. Laodizea war eine sehr reiche Stadt. Die Bürger Laodizeas brüsteten sich mit ihrem Reichtum. Allerdings wird deutlich, wenn Jesus zur Gemeinde von Laodizea sagt: »Du sprichst: Ich bin reich«, wie dieses Denken in Bahnen des Geldes auch in der Gemeinde eingebrochen war. Eine reiche Stadt – eine, wie sie meinte, reiche Gemeinde!

b) Laodizea hatte eine berühmte Medizinschule. Diese Lehrstätte war durch die Herstellung einer Ohren- und Augensalbe weltbekannt. Diese Salbe war weit verbreitet und wurde überall gekauft. Mit den Salben trieben die Geschäftsleute ein groß angelegtes Exportgeschäft und machten das große Geld. Jesus muß aber zur Gemeinde von Laodizea sagen: »Ich rate dir, daß du von mir kaufst ... Augensalbe, deine Augen zu salben, damit du sehen mögest« (V. 18b).

c) Laodizea war wegen der Herstellung wertvoller Tücher und Kleidungsstücke berühmt. Die reichen Bürger dieser Stadt kauften gerne in den Stoffgeschäften ein. Die Tuchstücke aus Laodizea waren bekannt wie die Brüsseler Spitzen. Jesus muß aber feststellen und sagen: »Du ... weißt nicht, daß du elend und jämmerlich bist, arm, blind und bloß« (V. 17). Dort, in Laodizea, begegnet uns ein Christsein in Selbstgerechtigkeit und Selbstherrlichkeit. Ich meine, daß es das Schlimmste ist, was Christen und was einer Gemeinde passieren kann, wenn sie in den Abgrund der Selbsttäuschung fallen.

Christus ist in Laodizea nicht mehr der Mittelpunkt der Gemeinde. Das wird an der Aussage in Vers 20 deutlich: »Siehe, ich stehe *vor* der Tür...« Der Heiland der Gemeinde steht *vor* ihrer Tür!

In den Apostolischen Konstitutionen, einer Schrift aus dem dritten Jahrhundert n.Chr., wird berichtet, daß der erste Gemeindevorsteher von Laodizea ein Mann namens Archippus war. Dieser Hinweis ist deshalb sehr interessant und wichtig, weil in Kolosser 4,17 die Bemerkung steht: »Sagt dem Archippus: Sieh auf das Amt, das du empfangen hast in dem Herrn, daß du es ausfüllst!« In dieser Aussage steckt eine leise Ermahnung an Archippus: »Führe das dir aufgetragene Amt recht! Sei als Gemeindevorsteher nicht lau und gleichgültig!« Paulus verfaßte den Brief an die Kolosser; und wir wissen, daß dieser Brief auch in Laodizea gelesen werden sollte. Die Christen von Kolossä sollten den Brief an die Christen von Laodizea weitergeben, auf daß er in

Laodizea verlesen werde. Der Kolosserbrief wurde ca. 30 Jahre vor der Offenbarung geschrieben. Paulus wußte also 30 Jahre vor dem Sendschreiben des Herrn an Laodizea, daß der schleichende Tod schon die Christengemeinde dort erfaßt hatte. Der schleichende Tod führt zum geistlichen Tod! 30 Jahre zuvor wurden die Weichen falsch gestellt, was Paulus richtig erkannte. Oft sind es unter Christen nur kleine Weichenstellungen, die den Glauben auf Abwege führen. Das Schlimmste für Christen ist es, wenn sie auf den Kurs nicht mehr achten.

### 1. Wie stellt sich der Herr der Gemeinde in Laodizea vor? (V. 14)

Drei Aussagen in einem Vers bringen die Vorstellung des erhöhten Herrn zum Ausdruck: »Das sagt, der Amen heißt, der treue und wahrhaftige Zeuge, der Anfang der Schöpfung Gottes...«

a) »Das sagt, der Amen heißt.« Das ist zunächst merkwürdig, wie sich der Herr hier bezeichnet. In Jesaja 65,16 steht im hebräischen Text: »Der Gott des Amen.« »Amen« ist bekanntlich ein hebräisches Wort. »Amen« bedeutet die Betonung und Bekräftigung eines Tatbestandes.

Im Johannesevangelium werden uns Jesusworte überliefert, die mit den Worten in der Verdoppelung beginnen: »Wahrlich, wahrlich...« Dieses doppelte »Wahrlich« – als Bekräftigung eines Sachverhaltes – heißt hebräisch »Amen, amen«. In anderen Worten heißt das, was der Herr hier von sich sagt: Er, Jesus Christus, ist der absolut Zuverlässige, der Amen. Paulus gebraucht die Formulierung: »Das ist gewißlich wahr und ein Wort, des Glaubens wert...« (1. Tim 1,15). Hebräisch heißt das: »Das ist ein Wort des Amen«, ein Wort, das völlig zuverlässig ist. »In Jesus Christus sind alle Gottesverheißungen Amen« (vgl. 2. Kor 1,20).

b) »Der treue und wahrhaftige Zeuge...« Schon Offenbarung 1,5 steht die Formulierung »Jesus Christus, welcher ist der treue Zeuge«. Im Sendschreiben an Laodizea kommt das Wort »wahrhaftig« hinzu. Hier liegt die Betonung auf der absoluten Zuverlässigkeit. Man muß den Nachdruck auf das Wort »Zeuge« legen. »Zeuge« heißt im Griechischen *martys*. Davon ist das Wort »Märtyrer« abgeleitet. Dieses Wort *martys* beinhaltet, daß Zeuge Gottes zu sein eine riskante Sache ist. Wer als Christ das Risiko nicht miteinkalkuliert, wird scheitern. Der Zeuge kann heute nicht so und morgen anders reden, auch wenn er dadurch sein Leben retten wollte.

Das Wort »Zeuge« kommt aus der Gerichtssprache. In einem Prozeß werden Zeugen aufgerufen. Wenn Jesus sich hier als »Zeugen« bezeichnet, so denkt er an den Prozeß seiner Verurteilung. Jesus blieb auch da, als er vor Kaiphas und Pilatus stand, dem Zeugnis treu. Als ihm der Hohepriester die Frage stellte: »Ich beschwöre dich bei dem lebendigen Gott, daß du uns sagst, ob du der Christus bist, der Sohn Gottes«, antwortete er: »Du sagst es« (Mt 26,63 f.). So blieb Jesus dem Zeugnis treu, das ihm das Todesurteil einbrachte.

Jesus ist der große Zeuge. Was Jesus über seinen Vater sagt, hat er sich nicht selbst ausgedacht, sondern er begründet es: »Ich rede, was ich von meinem Vater gesehen habe... Wenn ich sage: ›Er selbst, der Vater, hat euch lieb‹, dann dürft ihr mir das glauben. Ich kenne Gott« (vgl. Joh 8,38; 3,11). Darum steht der Mensch eines Tages vor der Frage, ob er diesem Zeugnis glauben will. Wenn wir Zeugen dieses Herrn sein wollen, müssen wir das wichtige Zeugnis ein Leben lang weitersagen: »Jesus ist der große Zeuge.«

c) »...der Anfang der Schöpfung Gottes...« In unserer irdischen Sprache gebrauchen wir oft Worte, die im Grunde den betreffenden Inhalt nicht wiedergeben können. Wir sind als Menschen nach allen Seiten hin begrenzt, auch im Blick auf unsere Vorstellungswelt. Wir sind in die Dimensionen von Raum und Zeit gestellt. So stoßen wir auch in unserer Ausdrucksweise an Grenzen. Ich erinnere daran, daß sich auch die Zeugen Gottes schwer tun, wenn sie das Jenseitige uns diesseitigen Menschen deutlich machen sollen und wollen. Oft können sie das nur in Bildern und Vorstellungen dieser Zeit tun.

Am Schluß der Offenbarung beschreibt Johannes die Schönheit, Majestät und Größe der Gottesstadt. Er bezeugt das himmlische Jerusalem: »Er ... zeigte mir die heilige Stadt Jerusalem herniederkommen aus dem Himmel von Gott, die hatte die Herrlichkeit Gottes; ihr Licht war gleich dem alleredelsten Stein, einem Jaspis, klar wie Kristall« (Offb 21,10 f.). Philipp Nicolai drückt das so aus:

> Von zwölf Perlen sind die Tore
> an deiner Stadt, wir stehn im Chore
> der Engel hoch um deinen Thron.
> Kein Aug hat je gespürt,
> kein Ohr hat mehr gehört
> solche Freude.

Trotzdem wissen wir, daß das neue Jerusalem noch viel schöner und herrlicher ist, als es Menschen zum Ausdruck bringen können. »›Was kein Auge gesehen hat und kein Ohr gehört hat und in keines Menschen Herz gekommen ist, was Gott bereitet hat denen, die ihn lieben‹« (1. Kor 2,9; Zit. Jes 64,3).

»Anfang« ist ein Wort unserer raumzeitlichen Begriffswelt, in der wir leben. »Der Anfang der Kreatur Gottes« bedeutet: Jesus ist derjenige, der vor allen Zeiten war. Er war, ehe die Welten wurden! Wir können uns in diesen Anfang, in diese Ewigkeiten gar nicht zurückversetzen, weil wir in Anfängen und Enden und Zielen denken müssen. Ehe alles bestand, war Jesus der Herr. »Ehe Abraham wurde, bin ich« (Joh 8,58b).

Man kann das griechische Wort *archae*, das im Urtext steht und das mit »Anfang« übersetzt wurde, noch etwas verständlicher auslegen. *Archae* ist nicht nur der »Anfang«, sondern auch der »Ursprung«. Jesus ist also der »Ursprung« alles Geschaffenen. Man denke an den Anfang des Johannesevangeliums, wo es heißt: »Alle Dinge sind durch das Wort gemacht, und ohne dasselbe ist nichts gemacht« (V. 3). Durch Jesus ist alles gemacht und geschaffen. Er gehört nicht in die Linie der Geschöpfe, sondern er ist der Schöpfer.

## 2. Die Lage der Gemeinde (V. 15)

Die Gemeinde in Laodizea soll auf das hören, was der Herr ihr sagen möchte. Nun spitzen die Christen die Ohren. Denn nach ihrer Meinung muß doch ein herrliches Lob kommen (V. 17a)! Aber was folgt? »...daß du weder kalt noch warm bist. Ach, daß du kalt oder warm wärest!« (V. 15). Das ist ein Gerichtswort, die schreckliche Bilanz einer Gemeindearbeit. Ich finde, daß es das Allerschlimmste ist, wenn eine Gemeinde ihren bösen Zustand nicht erkennt.

Das Bild, das Jesus gebraucht, spricht von den Kalten, von den Heißen und von den Lauen. Die drei griechischen Worte, die dafür stehen, möchte ich erklären.

a) Das erste Wort, das Luther mit »kalt« übersetzt, bedeutet »erkaltet bis zum Gefrierpunkt«. Die bis zum Gefrierpunkt Erkalteten sind diejenigen, die gegen Jesus Christus die Faust ballen und ihn ablehnen, die mit ganzer Kraft gegen ihn kämpfen.

Solch ein bis zum Gefrierpunkt Erkalteter war Saulus. Denn das Lebensprogramm des Paulus vor seiner Bekehrung hieß: »Totaler Kampf gegen Christus und seine Gemeinde!« Vor seiner Bekehrung gehörte Paulus zur Elite der Pharisäer. In Philipper 3,5 f. sagt er von sich: »...aus dem Volk Israel, vom Stamm Benjamin, ein Hebräer von Hebräern, nach dem Gesetz ein Pharisäer, nach dem Eifer ein Verfolger der Gemeinde, nach der Gerechtigkeit, die das Gesetz fordert, untadelig gewesen...«

b) Das zweite Wort, das Luther mit »warm« übersetzt, heißt »heiß bis zum Siedepunkt«. Es sind die Christen, die in brennender Liebe zu Jesus stehen, die Jesus mit heiliger Leidenschaft nachfolgen.

Mit heiliger Leidenschaft, aber nicht mit religiösem Fanatismus leben sie in der Gemeinschaft ihres Herrn. Der religiöse Fanatismus unserer Zeit entspringt aus dem Hingegebensein an Ideologien oder an menschliche Führer. Die heilige Leidenschaft dagegen entspringt aus der Gemeinschaft mit Jesus und ist durch den Heiligen Geist gewirkt. Wer als Christ Fanatiker ist, der ist einer christlichen Ideologie verfallen und lebt nicht mehr in der Gemeinschaft mit Jesus. Dies muß man allen Sektierern und Schwärmern sagen!

Die »Heißen« sind also diejenigen, die in der ersten Liebe stehen, deren Motto und Leidenschaft Jesus Christus ist. Pfarrer Wilhelm Busch sagte dazu: »Es sind die, die *ein* Thema in allen Variationen abhandeln, und dieses Thema heißt: Jesus.«

c) Das dritte Wort, das Luther mit »lau« wiedergibt, heißt »lauwarm, so daß Brechreiz hervorgerufen wird«. Das Kennzeichen in Laodizea sind die Lauen, die keine groben Sünden aufzuweisen haben. Sie haben keinen äußeren Gegner und auch keine inneren Feinde. Trotzdem treibt der Teufel unmerklich sein Zerstörungswerk durch den schleichenden Tod, durch Lauheit und Unentschiedenheit. Mit ein paar Stichworten möchte ich diesen Zustand umreißen. In Laodizea herrschte wohltemperierte und abgesunkene Mittelmäßigkeit. Der echte Eifer der Nachfolge Jesu fehlt. Es ist, wie Hermann Bezzel auslegte, ein Gewohnheitschristentum, das sich eingependelt hat, ein Christentum, das nirgends anstößt und das nicht auffällt. Die wahre Liebe zu Jesus ist nicht mehr vorhanden. Auch der Missionseifer ist in der Gemeinde erloschen. Sie ist satt, selbstgenügsam und selbstzufrieden. Der brennende Zeugenmut fehlt. Die Christen zu Laodizea haben mit der Welt Frieden geschlossen und Heimatrecht in ihr erworben.

Die bürgerlichen Sitten, Gebräuche und Traditionen haben unter den Christen Raum gewonnen. Ist nicht das Christentum in Europa heute schlechthin so?

Beim Lausanner Evangelisationskongreß 1974 beeindruckte mich stark, wie taufrisch, brennend, bibeltreu, missionseifrig und leidensbereit unsere evangelikalen Brüder und Schwestern aus der Dritten Welt sind. Mir wurde sehr deutlich, wie weit wir als europäische Christen im Vergleich zu ihnen intellektualisiert sind. Bei uns steht zwischen Jesus und uns oft das Denken. Deshalb fehlt uns weithin die kindliche Nähe zu Jesus, die ich bei diesen Brüdern bemerkte.

## 3. Jesus will, daß wir unseren Zustand erkennen (V. 16-22)

Der Herr sagt: »Weil du aber lau bist und weder warm noch kalt, werde ich dich ausspeien aus meinem Munde« (V. 16). Es ist ein ernstes Wort, das Jesus ausspricht: »Du verursachst mir Brechreiz; ich kann dich nicht schmecken und nicht riechen.«

Dennoch ist dies nicht Jesu letztes Wort. Der Herr will uns unseren Zustand aufzeigen, daß wir ihn erkennen. Das wird an den Versen 17-20 deutlich. Jesus ist nicht nur der Diagnostiker, der den Schaden feststellt, sondern immer auch der Therapeut, der diesen Schaden heilt. Es kommt darauf an, daß wir uns beides von ihm gefallen lassen: seine unbestechliche Diagnose und seine heilende Therapie. Auf diese Therapie sollen wir eingehen; wir sollen sie bejahen. Wir müssen seinen Rat annehmen und gehorsam darauf eingehen (V. 18). Oft stellen wir Diagnosen, aber wir wissen keine Therapie. Jeder, der von der Medizin etwas versteht – sei es im psychischen oder im somatischen Bereich –, weiß, daß wir solche Diagnosen stellen können, zu denen wir keine Therapie wissen (z.B. wenn jemand unheilbar an Krebs erkrankt ist).

Jesus ist der Arzt, der nicht vor unheilbaren Krankheiten in seiner Gemeinde und auch in unserem persönlichen Leben kapituliert. Jesus wirbt in seiner unendlich großen Liebe auch um diese Gemeinde von Laodizea. So ernst er spricht, so ernst wirbt er um sie. Das gilt doch auch für unser Leben, wenn Jesus von uns enttäuscht worden ist. Er gibt uns niemals auf. Wenn er dies täte, wäre keiner von uns mehr in seiner Nachfolge. Man kann diese zurechtbringende Liebe nur staunend anbeten.

»Du sprichst: Ich bin reich und habe genug und brauche nichts! und weißt nicht, daß du elend und jämmerlich bist, arm, blind und bloß.« Vers 17 reißt Jesus der Gemeinde die Maske vom Gesicht. Das ist ja so wichtig, daß die Demaskierung geschieht! In ihren Anfängen war die Gemeinde von Laodizea eine arme Gemeinde in sich, in Jesus aber war sie reich. Nunmehr ist sie reich in sich und arm in Jesus. Ich übertrage Vers 17 so: »Du Gemeinde in Laodizea, du denkst, du seist in die schönsten Kleider gehüllt, doch in Wirklichkeit bist du vor mir wie ein Bettelweib, das in Lumpen gehüllt am Wegesrand sitzt.« Das ist die Selbsttäuschung der Gemeinde, die Jesus entlarvt: Wir sind reich, satt und brauchen nichts. Wir sind in herrliche Kleider gehüllt. Doch Jesus sieht die Gemeinde als Bettelweib in Lumpen, das am Wegesrand sitzt. Wie groß ist das, wenn jemand seine Lumpen erkennt und sie zu Jesus bringt und statt dessen das Festtagsgewand erhält! (Vgl. V. 18; das Gleichnis vom verlorenen Sohn, Lk 15,11 ff.)

Was rät der Herr seiner Gemeinde? Es ist unser Leben, wenn wir seinen Rat befolgen. »Ich rate dir, daß du Gold von mir kaufst, das im Feuer geläutert ist« (V. 18a). Nun, wir können ja bei Jesus eigentlich nichts kaufen. Was er gibt, gibt er gratis. Jesaja 55,1 heißt es: »Wohlan, alle, die ihr durstig seid, kommt her zum Wasser! Und die ihr kein Geld habt, kommt her, kauft und eßt! Kommt her und kauft ohne Geld und umsonst Wein und Milch!« Die Gnade und Barmherzigkeit Gottes kann durch nichts erworben werden, weder durch Geld noch durch fromme Leistungen.

Jesus gebraucht hier das Bild vom Kaufen: »So, wie ihr in die Banken eilt und eure Geldgeschäfte treibt, wie ihr in eure Kaufhäuser rennt und die schönsten Kleider kauft, so kommt zu mir und kauft Gold, das im Feuer geläutert ist.« Wir müssen das Bild verstehen, das im Ausdruck »kaufen« steckt, und es im Blick auf die Situation der Christen in Laodizea deuten. Auch wir müssen uns fragen: Was geben wir nicht alles an Geld aus? Was geben wir nicht alles an Zeit hin, um unser Leben möglichst schön und inhaltsreich zu gestalten? Und dabei versäumen wir es, uns von Jesus das Entscheidende für unser Leben geben zu lassen.

a) »Ich rate dir, daß du Gold von mir kaufst, das im Feuer geläutert ist.« Gold ist das Zeichen der Echtheit. »Mit Feuer geläutert« – dieses Bild steht für den gereinigten Glauben. Es besagt: »Laß dir doch von mir den echten, gereinigten Glauben schenken!«

Der echte Glaube ist wie eine Münze mit zwei Seiten. Die eine Seite heißt »Vertrauen«, die andere »Gehorsam«. Viele Menschen unserer Zeit haben einen völlig falschen Glauben. Ein Glaube, der nicht durch den Herrn Jesus und vom Heiligen Geist gewirkt wurde, ist kein biblischer Glaube. Es gibt Menschen, die meinen, der Glaube sei ein Fürwahrhalten vorgesetzter Lehrsätze. Dann heißt es: »Weil meine Großmutter geglaubt hat, halte ich das auch für wahr. Weil Wernher von Braun an Gott glaubte, halte ich das auch für wahr. Weil es in der Bibel steht, halte ich es für wahr.« Das Fürwahrhalten gehört sicherlich zum Glaubensbegriff dazu. Aber der biblische Glaubensbegriff hat keinen lehrhaft-dogmatischen, sondern einen personalen Bezug. Glauben nach dem neutestamentlichen Verständnis (griech. *pistis*) heißt »treu sein«. Wir können das griechische Wort im Neuen Testament besser mit »Vertrauen« ins Deutsche übersetzen. Das Vertrauen hat den personalen Bezug: Ich bin treu, ich vertraue mich Jesus an.

Der württembergische Erweckungsprediger Ludwig Hofacker (1798-1828) hat das Wort geprägt: »Glaube heißt, sich an den Mann hängen, der Jesus heißt.« »Glauben« heißt, sich an Jesus und sein Wort zu hängen. Der echte Glaube ist das Hören auf Jesus und der Gehorsam gegenüber seinem Wort. Dieser Glaube entspringt nicht unserem Nachdenken. Martin Luther sagt in der Auslegung zum dritten Glaubensartikel: »Ich glaube, daß ich nicht aus eigener Vernunft noch Kraft an Jesus Christus, meinen Herrn, glauben oder zu ihm kommen kann.«

Auch gläubige Leute stehen immer in der Gefahr, daß der Glaube entartet. Deshalb müssen wir bei Jesus bleiben und ihn bitten: »Herr, reinige meinen Glauben so, wie das Gold im Feuer geläutert wird, bei dem alle Schlacken herausgeholt werden!« Das geht manchmal durch göttliche Gerichte im Leben der Jünger Jesu.

b) Der zweite Rat lautet: »...und weiße Kleider (kaufst), damit du sie anziehst und die Schande deiner Blöße nicht offenbar werde« (V. 18b). Wir wissen, daß die »weißen Kleider« in der Offenbarung öfters vorkommen. Sie sind aus dem Alten Testament übernommen: »Er hat mir die Kleider des Heils angezogen und mich mit dem Mantel der Gerechtigkeit gekleidet« (Jes 61,10). Das »weiße Kleid« ist das Festtagskleid der Gerechtigkeit Gottes.

c) »...und Augensalbe (kaufst), deine Augen zu salben, damit du sehen mögest« (V. 18c). Jesus spricht deutlich in die Gemeinde hinein, so daß jeder in Laodizea verstehen muß, was er meint. Die »Augensalbe« ist sicher ein Bild für den Heiligen Geist. Der Heilige Geist öffnet die blindgewordenen Augen zu neuer Sehkraft. Die Gläubigen sind blind geworden für ihren Zustand. Deshalb bemerken sie ihre Selbsttäuschung und Selbstgerechtigkeit nicht mehr. Es müssen ihnen die Augen geöffnet werden, daß sie ihren schlimmen geistlichen Zustand erkennen.

Man lebt von oberflächlichen Erkenntnissen. Aber der Heilige Geist, der die Augen erleuchten kann, ist die rechte »Augensalbe«.

Vers 19 heißt es: »Welche ich lieb habe, die weise ich zurecht und züchtige ich.« Zwei Worte hiervon sollen betont werden: »liebhaben« und »züchtigen« (»strafen«). Das Wort, das im Griechischen für »liebhaben« steht, bringt die ganze zärtliche Zuneigung des Herrn zum Ausdruck. Die Gemeinde von Laodizea ist wie ein krankes Kind. Und zwar ist sie durch ihre eigene Schuld krank geworden. Einem schwerkranken Kind gehört die besondere Liebe von Vater und Mutter. So wendet sich Jesus dieser kranken Gemeinde zu. Das Wort »züchtigen« (»strafen«) hat hier nicht nur den Sinn von Strafe in Folge einer Schuld. Das griechische Wort, das hier steht, entstammt der Gerichtssprache und besagt eigentlich, daß ein Schuldiger so widerlegt wird, daß er seinen Irrtum einsehen muß. Ein Angeklagter etwa leugnet zunächst seine Schuld, aber schließlich wird er überführt. Dann muß er seine Schuld eingestehen und zugeben. So überführt Jesus seine Gemeinde und will sie zur Einsicht bringen. Er möchte die Glieder der Gemeinde zur Erkenntnis leiten, daß sie selbst feststellen, daß sie sich auf dem falschen Weg befinden.

Ich meine, daß es unser Herr oft nur mit solchen »schwererziehbaren Kindern« zu tun hat. Auch seine Züchtigung oder Erziehung ist ein erkennbares Zeichen seiner Liebe. Wieviel Mühe muß Gott doch an manchen von uns hinwenden! Darum sagt er: »Welche ich lieb habe, die weise ich zurecht und züchtige ich, d.h. die bringe ich durch meine Überführung zurecht.«

Vers 20 spricht der Herr: »Siehe, ich stehe vor der Tür und klopfe an. Wenn jemand meine Stimme hören wird und die Tür auftun, zu dem werde ich hineingehen und das Abendmahl mit ihm halten und er mit mir.« Jesus steht vor der Tür. In diesem Wort macht der Herr den ganzen Ernst der Lage deutlich. Die Gemeinde hat Jesus vor die Tür gesetzt, d.h. in Laodizea gibt es ein Christentum ohne Christus.

Da stehen die schönsten Dome und Kirchen – und trotzdem kann es möglich sein, daß kein Heiland darinnen wohnt. Was das Volk Israel erfahren hat, erlebt die Christengemeinde heute. Ich erinnere an Jeremia 7. Dort hält Jeremia seine Gerichtspredigt – und das damalige Israel lacht ihn aus und sagt: »Hier ist des Herrn Tempel, hier ist des Herrn Tempel! Weil Gott unter uns im Tempel wohnt, sind deine Gerichtspredigten umsonst. Nie wird Gott uns preisgeben! Er wohnt hier, im Tempel.« Aber Gott, der Herr, war längst aus dem Tempel ausgezogen.

Es war erschütternd, als im Jahre 70 n.Chr. die Römer Jerusalem eroberten und sich der Hohepriester mit seinen Verwandten und Mitarbeitern in den Tempel zurückzog. Sie hatten die Vorstellung, daß im Tempel der Herr sei, und meinten, Gott könne es zwar zulassen, daß die Römer die Stadt einnehmen – nicht aber den Tempel und den Tempelberg. Wenn die Feinde den Tempelberg erreicht hätten, würde sie der allmächtige Gott von seinem Heiligtum aus überwinden und besiegen. Doch die Römer stürmten den Tempel... Nach Jesu Wort (Mt 24,1-4) blieb kein Stein auf dem anderen. Der Tempelschatz wurde geplündert, und das Gebäude ging in Flammen auf. Der Hohepriester und die mit ihm waren, nahmen sich das Leben, wohl in der schrecklichen Enttäuschung: »Gott, warum greifst du nicht ein?« Dabei war Gott längst nicht mehr im Heiligtum.

Die steinernen Gebäude in unseren Städten und Dörfern sind noch lange kein Beweis, daß Jesus unter uns wohnt. Unser »frommer Betrieb« funktioniert noch, aber vielerorts ohne Jesus. Man kann durch menschliche Beredsamkeit und Organisationsgaben einen solchen »frommen Betrieb« eine Zeitlang aufrechterhalten. Man kann fromme Betriebsamkeit auch eine Weile dahinschleppen. Der Segen und die Verheißung Jesu sind aber nicht mehr da. Das geistliche Leben ist nicht mehr vorhanden. Jesus hat schon die Gemeinde dem Gericht übergeben.

Überlegen wir, was aus diesen einstmals blühenden Gemeinden der ersten Zeit geworden ist. Wo sind sie? Sie sind in den Stürmen der Zeit untergegangen! Die »Leuchter« sind umgestoßen worden! Haben nicht etwa Luther und Bezzel prophetisch eine Zeit vorausgesagt, in der Deutschland eine Kirche ohne Christus und ohne Heiligen Geist haben wird?

Die Gemeinde soll der Tempel des lebendigen Gottes sein, in dem er, der Herr, wohnt. Auch unsere Leiber sollen ein Tempel des Heiligen Geistes sein (1. Kor 6,19).

Der Herr steht draußen, »vor der Tür und klopft an«. Hier wird der innere Zustand der Gemeinde erst richtig deutlich, wie satt und selbstzufrieden sie das zarte Klopfen des Herrn Jesus überhört. Jesus rechnet fest damit, daß es in der Gemeinde noch etliche gibt, die die Stimme Jesu vernehmen, die mit demütigem Herzen sein Anklopfen hören. »Wenn jemand meine Stimme hören wird und die Tür auftun...« Jesus will nicht gewaltsam einbrechen, sondern er will, daß wir die Tür öffnen. Der Riegel der Herzenstür liegt innen; dieses Schloß muß der Mensch schon selbst aufschließen.

Hermann Bezzel schreibt zu Vers 20: »Der Herr steht vor der Tür des Herzens – so barmherzig, nicht wie ein Dieb – und klopft an. Er klopft noch an, damit noch alles, ehe er eintritt, geordnet und hergerichtet werden kann. So jemand seine Stimme hören wird, mit dem will der Herr vertraulich zu Abend essen und ganz vergessen, daß er ihm viel Leid gemacht hat.«

»...zu dem werde ich hineingehen und das Abendmahl mit ihm halten und er mit mir...« Die Griechen aßen dreimal am Tag. Zum Frühstück gab es nur trockenes Brot, das in Wein getaucht wurde. Das Mittagsmahl *(ariston)* bestand nur aus einem kleinen Imbiß. Das Abendmahl *(deipnon)* war die Hauptmahlzeit und wurde eingenommen, wenn das Tagewerk vollbracht war und man gemütlich beisammensaß.

Es ist mir sehr wichtig, daß Jesus an dieser Stelle sagt: »Ich werde mit denen, die die Herzenstüre geöffnet haben, das Festmahl halten – wie in den griechischen Häusern die abendliche, festliche Mahlzeit.« Ich erinnere an das Gleichnis Jesu vom großen Abendmahl. Das ist das Festmahl *(deipnon)*. Da geht es nicht kümmerlich, sondern fröhlich zu. Oder ich denke an das Festmahl, von dem im Gleichnis vom verlorenen Sohn die Rede ist (Lk 15,23 f.).

Warum aber gebraucht der Herr das Bild vom Abendessen? »...zu dem werde ich hineingehen und das Abendmahl *(deipnon)* mit ihm halten und er mit mir...« Warum steht hier dieser doppelte Ausdruck? Das eine Mal ist Jesus der Gastgeber, das andere Mal tische ich, als Mensch, ihm auf. Allerdings ist das, was ich ihm anbieten kann, ein williges Herz, eine Liebe aus dankbarem Mund und eine feste Treue in Bereitschaft. Wenn Jesus uns bewirtet, ist das viel schöner, als es in dem Lied »Dein Freudenwein erquicket mich« heißt. Das Brot, das er uns darreicht, ist das Brot des Lebens, er selbst.

Der große Ausleger Johann Albrecht Bengel sagt, das größte Wort im Neuen Testament sei für ihn dies, wo Jesus sagt, er werde seine Knechte an seinen Tisch laden und werde sich aufschürzen und ihnen dienen (Lk 12,37). Jesus gürtet seine Schürze um, um uns noch einmal zu dienen: »Ich werde das Abendmahl mit ihm halten und er mit mir.«

So möchte jeder die Tür seines Herzens weit öffnen, damit er wieder ganz neu mit Jesus Gemeinschaft haben kann.

Auch das Überwinderwort (V. 21) sollten wir nicht überhören: »Wer überwindet, dem will ich geben, mit mir auf meinem Thron zu sitzen, wie auch ich überwunden habe und mich gesetzt habe mit meinem Vater auf seinen Thron.« Dieses Wort am Schluß des Sendschreibens bedeutet: So, wie Jesus nach Kreuz und Auferstehung (nach seinem Sieg) den Ehrenplatz zur Rechten des Vaters eingenommen hat, so werden diejenigen, die in seiner Kraft überwinden, in der Herrlichkeit gekrönt. Im Johannes-Evangelium steht ein Wort Jesu, das uns tief beugt: »Wer mir dienen wird, den wird mein Vater ehren« (Joh 12,26b). Wer überwindet und die Treue zu Jesus hält, den wird der Vater im Himmel ehren. Er wird den Ehrenplatz in der Herrlichkeit bekommen.

# Abschluß

Am Schluß der sieben Sendschreiben möchte ich dreierlei Wichtiges herausheben, das sich durch die Gemeindebriefe hindurchzieht:

a) »Ich kenne deine Werke.« Das ist auf der einen Seite zum Erschrecken und auf der anderen Seite unsagbar tröstlich.

b) »Wer überwindet...« Laßt uns durchhalten und einander in der Seelsorge ermahnen und zurechtweisen, damit wir überwinden!

c) »Wer Ohren hat, zu hören, der höre...« Der Herr möge uns vor der geistlichen Schwerhörigkeit bewahren, so daß wir wie Jünger jeden Tag neu auf ihn hören!

»Da sprach nun Jesus zu den Juden, die an ihn glaubten: Wenn ihr bleiben werdet an meinem Wort, so seid ihr wahrhaftig meine Jünger und werdet die Wahrheit erkennen, und die Wahrheit wird euch frei machen« (Joh 8,31 f.).

*Kurt Heimbucher/Traugott Thoma (Hrsg.)*
**Diener Jesu Christi**
*Bekannte Persönlichkeiten berichten aus ihrem Leben*
144 Seiten, Bestell-Nr. 56533

Es sind insgesamt 18 »Persönlichkeiten aus dem Bereich des heutigen Pietismus«, die als Evangelisten, Missionsdirektoren, Gemeindepfarrer und Hochschulprofessoren durch ihre Verkündigungsdienste bekanntgeworden sind. So verschieden wie Herkunft und Aufgabengebiet dieser »Diener Jesu Christi« sind, so verschieden – formal und sprachlich – gestalten sich auch die einzelnen Erfahrungsberichte, die drei bis elf Seiten umfassen. Neben sehr persönlich gehaltenen Lebensbildern findet der Leser auch Beiträge in Form von Predigt- oder Buchauszügen.

---

*Fritz Grünzweig/Traugott Thoma (Hrsg.)*
**Gottes ewige Treue**
*Bekannte Persönlichkeiten berichten aus ihrem Leben*
194 Seiten, Bestell-Nr. 56688

Gottes Führungen mitzuerleben macht Mut und Freude. Folgende Frauen und Männer lassen an ihrem Erleben teilnehmen:
Fritz Grünzweig, Kurt Heimbucher (von Traugott Thoma), Rupprecht Bayer, Gordon Dalzell, Johannes Hamann, Karl Heim (von Adolf Köberle), Gottfried Meskemper, Richard Neumaier, Barbara Oehmichen, Dora Rappard (von Klaus Haag), Walter Schaal, Anton Schulte, Bernhard von Schwerin, Werner Stoy, Walter Tlach, Hilde Thiem, Johannes Weber (von Ulrich Weber).